KB202608

성결교회
교리 문답

성결교회 교리 문답

[학습 · 세례 대상자 교육 지침서]

예수교대한성결교회

머리말

자랑스러운 성결 공동체 여러분!

은혜로운 예수교대한성결교회의 가족이 되신 것을 진심으로 환영합니다.

우리 교단의 자랑이요 35년의 역사를 가진 학습·세례 문답서가 성결인의 믿음의 기초를 세워왔습니다. 복음은 변할 수 없지만, 하루가 다르게 시대가 변화되고 있는 가운데, 100회기 총회를 맞이하여 기존 문답서를 보완하여 교리 문답서로 개정판이 만들어진 것은 하나님의 은혜라고 생각합니다.

누가복음 5장 38절에 "새 술은 새 부대에"라 말씀하신 것처럼 성결인을 만들었던 본 지침서가 새 옷을 입고 새로운 백 년을 위해 출판되었습니다.

새 옷으로 갈아입히는 귀한 작업에 힘을 쏟아 주신 편집위원들께 깊은 감사의 마음을 전하며, 발간된 성결교회 교리 문답서(학습.세례 대상자 교육 지침서)를 통해서 '성결인을 더 성결하게' 그리고 '새로운 성결인을 만드는 교재' 로 귀하게 사용되기를 소망합니다.

2021년 10월 31일

총회장 **이 상 문** 목사

발간사

이번에 본 교회의 교리 문답서가 발간됨을 기쁘게 생각합니다. 기독교 교리는 하나님을 향한 교회의 응답입니다. 하나님은 성경과 예수 그리스도를 통해 자신을 계시해주셨기 때문입니다. 따라서 교리 교육의 필요성을 약 네 가지로 말할 수 있습니다. 첫째, 신앙인으로서 일상의 일들에 대하여 바르게 응답하기 위함입니다. 두 번째로, 하나님께서 주신 계시에 대하여 바르게 응답하기 위함입니다. 세 번째로, 인간의 현실적인 상황을 설명하고, 해석하고, 그리고 구체적으로 적용하여 살아가도록 돕기 위함입니다. 네 번째로, 기독교인으로서 한 사람에게 그리고 공동체 속에 그 정체성과 신앙적 목적의식을 심어주는 데 필요합니다.

교리(教理, doctrine)는 역사적으로 사도성의 기원을 두거나 교회 공의회에서 승인된 교리인 교의(教義, dogma)와는 구별됩니다. 교리란, 교단의 신학적 정체성을 반영하여 채택된 선별된 신학입니다. 따라서 성결교회의 교리는 교단의 정체성과 신학적 상황이 반영된 신학적 정의입니다. 오늘날 기독교 신학과 신앙은 '적합성' 과 '의미'

에 많은 관심이 있습니다. 그것들 없이 신앙과 삶의 문제를 고민하는 것은 큰 의미가 없기 때문입니다. 하지만 적합성과 의미만으로는 우리가 믿는 신앙의 가치와 표준을 구체적으로 실현하기에 많이 부족합니다. 왜냐하면, 적합성이라는 말 자체가 성경과 일치하는지에 대한 의문이 있기 때문입니다. 가장 중요하며 기초적인 물음은 이것이어야 합니다. 과연 이것이 신앙적으로 사실인가? 과연 이것은 믿고 신뢰할 만한 가치가 있는 것인가?

기독교 역사는 성경의 가르침의 중요성을 강조해 왔습니다. 따라서 성결교회는 보수적이며, 건전한 역사적 정통성을 물려받은 교단으로써, 과거의 아름다운 신앙의 우물에서 물을 마셔야 합니다. 신앙 교리는 신자들의 구체적인 삶의 현실을 해석하는 데 중요한 목적이 있습니다. 교리는 진실을 말하며, 진실에 실질적으로 참여함과 동시에 그 진실을 따라 살아가도록 하기 위함입니다. 따라서 신앙 교리란, 신자들이 신앙의 교리를 통해 친절하게 안내를 받으며, 믿음을 스스로 설명하며, 그리고 그들의 삶과 그것과 함께 살아가는 방식과 어떻게 연관이 되는지를 주의 깊게 살펴보도록 하는 믿음의 표현입니다.

교리는 우리가 누구를 믿어야 하는지를 분명하게 가르쳐줍니다. 교리는 다양한 시대적 억압, 즉 문화적 상황과 정치적 상황, 심지어 이단과 부정한 교리에 대항하여 자신을 드러내신 하나님께 순종하고 신뢰하는 바르고 참된 교회 사이에 분명한 선을 그어주는 역할을 합니다. 성결교회가 이 땅에서 100년이 넘도록 복음의 역사를 지켜온 것은 분명하고 건강한 신앙 교리를 중심으로 믿음을 지켜온 결과입니다. 교회가 폐쇄되어 예배가 중단되고 목회자가 투옥되는 시련의 시절에도 정치적 이념에 의한 분열과 전쟁의 참혹한 시절에도 성결교회는 오직 한 분 예수 그리스도께 순종해야 한다는 정결한 신앙을 유지해 왔습니다. 이 모든 것이 본 교회가 지켜온 보수적이며 복음적인 신앙 교리 때문이었습니다.

본 교리문답은 단순히 교리를 설명하지 않고, 우선 성결교회의 역사를 간략하게 다루며 구체적인 교리적 내용을 설명합니다. 그리고 그것들과 관련된 신자의 신앙적인 교리 이해와 교회 내에서 실천해야하는 다양하고 구체적인 신앙생활에 필요한 교리 설명과 문답을 담았습니다. 무엇보다 성결교회의 역사적 정통성과 복음적이며 보수적인 신앙 정신을 강조하기 위하여 많은 노력을 기울였습니다. 특히 눈에 띄는 것은, 신자들이 신학적인 이해를 쉽게 할 수 있도록 각주 표시와 관련 성경을 넣어 편리하게 배울 수 있도록 했습니다.

차후 더 깊이 있는 연구를 통해 더 나은 교리문답서가 완성되기를 소망하면서 모쪼록 본 교리문답서가 예수교대한성결교회 산하 모든 교회와 장차 본 교회와 각 지역 교회에서 예수 그리스도를 신앙고백하여 믿음의 반열에 서게 될 모든 분의 신앙 성장을 돕는 든든한 진리의 안내서가 되기를 바랍니다.

교리문답서 편집위원회

위원장 **장종용** 목사

위　원 **차종관** 목사

김순홍 목사

서성용 목사

CONTENTS

머리말

발간사

Ⅰ 성결교회 역사 및 교리 13

1. 역사
2. 신조 및 교리 이해

Ⅱ 그리스도인의 고백. 기도. 계명 55

1. 사도신경
2. 주기도문
3. 십 계 명

Ⅲ 교리 문답 77

1. 하나님
2. 예수 그리스도
3. 성령

4. 사중복음
5. 인간
6. 성경
7. 교회
8. 종말
9. 성례

Ⅳ 그리스도인의 생활 및 문답 147

1. 교인
2. 그리스도인의 생활 규범
3. 생활문답

Ⅴ 학습 및 세례문답 165

1. 학습문답
2. 세례문답

* 부록 : 학습 및 세례 예식 순서

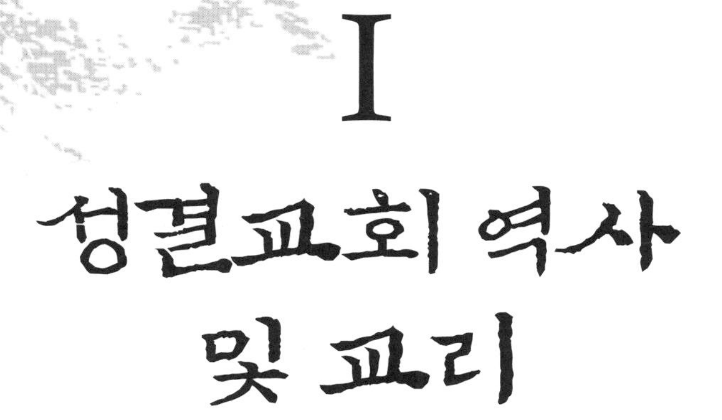

I
성결교회 역사 및 교리

I. 성결교회 역사 및 교리

1. 역사

1) 이름

본 교회는 「예수교대한성결교회」라고 부릅니다. '본 교회' 라는 것은 교단 산하에 있는 교회들, 즉 교단 헌장에 근거하여 가입된 모든 지역 교회의 연합체(교단)입니다. 따라서 형제/자매가 속한 교회는 예수교대한성결교회 「OOO 교회」라고 부릅니다.

2) 기원

본 교회의 기원은 다음과 같습니다. 미국인 「C. E. 카우만」과 「E. A. 길보른」 두 사람이 하나님의 부름을 받고 예수 그리스도를 믿음으로 구원의 확실한 체험을 경험한 후, 영혼을 구원해야 한다는 뜨거운 마음으로 존 웨슬리의 성경적 복음신앙을 이어받아 「동양선교회」를 설립하였습니다. 1901년 일본 동경으로 가서 직접 거리 전도를 했으며, 「성서학원」을 설립하고, 전도자를 양성했습니다. 이 학원을 졸업한 전도자들이 한국으로 귀국하여 전도하는 일에 전념한 것이 본 교회의 기원이 됩니다.

3) 역사

(1) 1907년 「김상준」, 「정빈」 두 사람이 일본 「동경성서학원」을 졸업하고 귀국하여, 당시 경성부 종로 염곡동(현, 무교동)에 셋방을 마련한

후, 「동양선교회복음전도관」이라는 이름으로 전도를 시작했습니다.

(2) 1921년 9월에는 복음전파가 전국적으로 확장됨에 따라, 교회를 조직하기로 결의하고, 「동양선교회복음전도관」을 「조선예수교동양선교회성결교회」로 변경했습니다.

(3) 1940년 10월에는 일제 강점기 때 극심한 박해로 한국에 주둔하고 있었던 선교사들이 본국으로 돌아가자, 「한국성결교회」는 비로소 완전하게 독립하게 되었습니다.

(4) 1943년 5월 24일에는 본 교회 신조 중 '재림' 이 일본 국가이념에 맞지 않는다는 이유로, 당시 「조선총독부경무국」[1]에 의하여 교역자와 신자들이 검거 구속되었습니다. 그리고 성결교회는 같은 해 9월경에 경무국으로부터 '예배 중지령' 을 받았으며, 같은 해 12월 29일에는 전국에 있는 성결교회가 강제 해산당하는 어려움을 겪었습니다.

(5) 1945년 8월 15일에 나라가 해방되자 본 교회는 재건되었고, 「조선예수교동양선교회성결교회」를 「기독교대한성결교회」로 개명했습니다.

(6) 1961년 4월에 이르러, 본 교회는 두 교단으로 분립되는 아픔을 겪었습니다. 그 이유로는 1945년 재건 이후 신앙 사상이 서로 다른 연합 기관(N.C.C 및 N.A.E)에 가입한 일로 말미암아, 본 교회의 신앙

---

1) 조선총독부 경무국(朝鮮總督府 警務局)은 조선총독부가 설치한 행정 조직이며 일제 강점기 조선에서의 경찰 및 수사, 보안 등 치안 관련 사무를 관장하였다.

사상이 나뉘고 세속화와 부패로 흐르는 경향을 보였습니다. 이런 상황을 크게 염려했던 많은 교직자와 성도들이 연합기관 탈퇴를 위하여 노력했지만, 시간이 흐를수록 오히려 보류하자는 운동이 강화되었습니다. 본 교회의 생명인 본래의 복음신앙과 사명을 잃어버릴 수도 있다는 위기감 속에서 신앙의 보수를 원하는 교회 및 지방대표가 모여 "연합기관에서 탈퇴하는 동시에 모든 세속적 부패를 없애고 바로잡아, 본래의 「성결교회」의 복음신앙 노선으로 돌아가는 것"을 목적으로 하는, 본 교회의 개혁 총회, 곧 보수적 신앙 총회(보수총회)를 조직하여 신앙의 부흥을 위하여 힘써왔습니다. 같은 해 12월에는 본 교회의 평화와 합동을 염원하는 원로목사들로 조직된 「합동특별총회 준비위원회」가 조직되었고, 위원회 이름으로 「합동특별총회」를 소집했으며, 양측에서 97명의 대의원이 모여 평화로운 분위기 속에서 모든 회무를 진행하는 동시에 「합동특별총회」를 「기독교대한성결교회 제 16회 총회」로 결정하였습니다.

(7) 1962년 4월에 열린 제17차 총회에서, 신앙노선의 환원과 아울러 본 교회 연차 회수를 교회조직 당시의 연대 곧, 1921년으로 환원하여, 이번 대회 및 총회를 「성결교회 41회 연차대회 및 총회」로 결정하는 동시에 본 교회의 이름도 「기독교」를 교회조직 당시의 이름인 「예수교」로 명칭을 환원하기로 대의원 모두의 기립, 만장일치 결의함으로 「예수교대한성결교회」가 되어 오늘에 이르게 되었습니다.

4) 사명

본 교회의 사명은 다음과 같습니다.

(1) 「예수 그리스도의 성경적 복음」을 만민에게 전파하는 일입니다(막 16:15, 행 1:8).

(2) 「하나님의 말씀」을 혼잡하게 하지 않고, 진실하게 가르치는 일입니다(마 28:20, 9:35; 고후 2:17).

(3) 「사중복음」 곧, '중생(重生)', '성결(聖潔)', '신유(神癒)', '재림(再臨)' 을 증거하되, 특히 '성결' 을 강조하는 일입니다.

성경구절

(막 6:15) "또 이르시되 너희는 온 천하에 다니며 만민에게 복음을 전파하라."

(행 1:8) "오직 성령이 너희에게 임하시면 너희가 권능을 받고 예루살렘과 온 유대와 사마리아와 땅 끝까지 이르러 내 증인이 되리라 하시니라."

(마 28:20) "내가 너희에게 분부한 모든 것을 가르쳐 지키게 하라 볼지어다 내가 세상 끝날까지 너희와 항상 함께 있으리라 하시니라."

(마 9:35) "예수께서 모든 도시와 마을에 두루 다니사 그들의 회당에서 가르치시며 천국 복음을 전파하시며 모든 병과 모든 약한 것을 고치시니라."

(고후 2:17) "우리는 수많은 사람들처럼 하나님의 말씀을 혼잡하게 하지 아니하고 곧 순전함으로 하나님께 받은 것 같이 하나님 앞에서와 그리스도 안에서 말하노라."

5) 특색

「하나님」께서 창조하신 만물이 모두 각각의 특색이 있고, 사도들이 기록한 네 권의 복음서 또한 각각의 특색을 가지고 있습니다. 이와 같이 교파도 각자의 특색을 나타내기 위하여 존재한다고 말할 수 있습니다. 「신약성경」의 4복음서가 독특한 방식으로 예수 그리스도를 완전하게 증거하듯이, 복음적 교파들은 각각의 특색을 가지고 「예수 그리스도」를 증거합니다.

본 교회의 특색은;

(1) 죄악과 이단과 거짓된 가르침과 비성경적 자유주의 신학사상을 배격하며, 모든 세속화와 부패를 방지하고, 철저한 회개와 복음신앙 노선으로 인도함에 있습니다.

(2) 「예수 그리스도」의 속죄의 보혈과 성령세례를 강조하므로 모든 교인으로 하여금 성결의 은혜를 받도록 인도합니다.

(3) 「성경」을 진리의 기본으로 간주하고, 복음적 신학과, 신앙으로 해석하는 일과 성경의 근간인 사중복음을 강조하고 은혜의 체험과 영혼부흥에 집중합니다.

6) 목적

본 교회의 목적은 다음과 같습니다.

(1) 「예수 그리스도」의 복음을 전파하여 모든 영혼을 구원함에 있습니다.

(2) 모든 교인들에게 성결의 은혜를 증거하며, 교회로 하여금 재림하시는 「주님」 앞에 거룩하게 서게 하는 일입니다.

(3) 모든 교인으로 고결한 인격을 이루게 하며, 성경적 윤리와 도덕을 실천하게 하며, 각자의 의무와 책임을 다하게 하는 일입니다.

(4) 「성경」의 권위와 복음신앙 노선을 보수함에 있습니다.

(5) 모든 사람이 구원받아 거룩한 생활로써 하나님을 영화롭게 함에 있습니다(고전 6:20, 마 5:16, 벧전 4:11).

성경구절

(고전 6:20) "값으로 산 것이 되었으니 그런즉 너희 몸으로 하나님께 영광을 돌리라."

(마 5:16) "이같이 너희 빛이 사람 앞에 비치게 하여 그들로 너희 착한 행실을 보고 하늘에 계신 너희 아버지께 영광을 돌리게 하라."

(벧전 4:11) "만일 누가 말하려면 하나님의 말씀을 하는 것 같이 하고 누가 봉사하려면 하나님이 공급하시는 힘으로 하는 것 같이 하라 이는 범사에 예수 그리스도로 말미암아 하나님이 영광을 받으시게 하려 함이니 그에게 영광과 권능이 세세에 무궁하도록 있느니라 아멘."

2. 신조 및 교리 이해

예수교대한성결교회는 성경적인 웨슬리 신학의 전통을 따르며, 심프슨(A. B. Simpson)의 중생, 성결, 신유, 재림의 사중복음을 신학의 중심으로 삼습니다. 하나님의 구원 조건은 예수 그리스도를 구주로 믿는 사람은 구원을 얻을 것이며, 믿지 않는 사람은 영원한 심판을 받습니다.

1) 예지예정

예지예정 구원론은, 구원의 문제를 무조건적으로 예정하는 것이 아닌, 반드시 조건적임을 강조합니다(렘 18:10). 하나님은 인간에게 유익한 것(선)을 주시기로 미리 정하셨지만, 악을 행할 때는 그 뜻을 징계로 바꿀 수 있습니다. 웨슬리에 따르면, 인간은 철저하게 타락하였기 때문에 자기 스스로 구원에 이를 수 없다고 믿었습니다. 동시에 그는 하나님의 보편적인 은총이 모든 인간에게 임하였다는 것과 인간의 본성 안에 약간 남아 있는 일반은총에 의하여 선한 의지를 발휘할 수 있다고 보았습니다. 물론 그 선한 의지와 행동 또한 하나님의 은총의 힘이라고 믿었습니다.

하나님은 인간이 스스로 자기를 구원할 능력이 없음을 아시고, 자기 아들을 보내셔서 인간의 죄를 위하여 죽음에 이르게 하셨습니다. 그리하여 인간은 그를 믿는 믿음으로 구원을 받을 수 있게 되었습니다. 여기서 은혜는 구원의 근원이 되며 믿음은 구원의 조건이 됩니다.

웨슬리는 자신의 신학적 이해를 설명하면서 로마서 8장 29절을 증거로 제시했는데, '하나님은 부르심에 기쁘게 응답하는 사람을 아시고 그를 예정하여 선택하신다'는 뜻으로 해석했습니다. 여기서 구원은 인간의 책임임을 강조합니다. 이는 인간은 자신의 행위에 대한 책임을 질 수 있는 능력이 있음을 전제한 것입니다. 이러한 전제를 가능하게 하는 하나님의 은혜가 '선행하는 은총' 입니다.

인간은 이미 하나님으로부터 자유의지를 부여받았습니다. 이것은 선과 악을 선택할 수 있는 의지까지 포함됩니다. 웨슬리에 따르면, 선택(election)에는 두 가지의 뜻이 있습니다. 첫째로, 하나님은 특별한 사명을 맡겨주시기 위하여 거기에 적합한 사람을 선택하십니다. 제자들은 복음전파를 위하여 선택 받았지만 이런 선택은 구원과는 관계없는 것입니다. 가롯 유다는 제자로 선택되었지만, 끝내 구원을 받지 못했습니다(요 6:70).

선택의 두 번째 의미는, 어떤 사람은 '영원한 행복' 을 누리도록 선택한 것입니다. 이것은 매우 조건적입니다(막 16:16). 웨슬리의 신학적 이해에 따르면 진실한 모든 사람은 성경적 이해로 볼 때 선택된 사람들이며, 비기독교인들은 그들이 믿지 않는 한 유기(reprobation)된 사람들입니다.

인간은 선과 악에 관하여 하나님의 은혜로 받은 선택의 자유와 능력을 가지고 하나님의 정당한 공의의 대상자가 됩니다. 따라서 예지예정의 구원교리는 궁극적 구원을 보장하지 않으며, 신자가 참된 포도나무 가지에 붙어 있지 않으면(요 15:4) 구원에서 배제될 수 있고, 영원한 형벌에 떨어질 수 있음을 말합니다(히 10:26-29).

성경구절

(렘 18:10) "만일 그들이 나 보기에 악한 것을 행하여 내 목소리를 청종하지 아니하면 내가 그에게 유익하게 하리라고 한 복에 대하여 뜻을 돌이키리라."

(롬 8:29) "하나님이 미리 아신 자들을 또한 그 아들의 형상을 본받게 하기 위하여 미리 정하셨으니"
(요 6:70) "예수께서 대답하시되 내가 너희 열둘을 택하지 아니하였느냐 그러나 너희 중의 한 사람은 마귀니라 하시니"
(막 16:16) "믿고 세례를 받는 사람은 구원을 얻을 것이요 믿지 않는 사람은 정죄를 받으리라."
(요 15:4) "내 안에 거하라 나도 너희 안에 거하리라 가지가 포도나무에 붙어 있지 아니하면 스스로 열매를 맺을 수 없음 같이 너희도 내 안에 있지 아니하면 그러하리라."

2) 사중복음

(1) 중생

중생은 신자가 예수 그리스도를 구주로 믿어, 새 생명이 부여되므로 죄(자범죄)가 청산되고 하나님의 은혜로 새롭게 태어나는 영적 출생을 의미합니다. 이때부터 신자는 죄의 속박으로부터 벗어나 거룩한 하나님을 위하여 살며, 죄에 대하여 승리할 수 있는 기반이 마련됩니다.

디도서 3장 5절의 "중생의 씻음과 성령의 새롭게 하심"과 요한복음 3장 3절의 "거듭남"이란 단어는 신자들의 변화된 생활의 시작을 의미합니다. 그리고 에베소서 4장 22절에 나오는 '새 사람'이라는 말과 에베소서 2장 5절과 골로새서 2장 13절에 나오는 '함께 산다', '소생시키다'라는 뜻의 헬라어 단어 또한 성경에 등장합니다. 이런 용어들은 모두 '중생', 또는 '새롭게 태어나다'라는 뜻을 가지고 있으며, 하나님의 창조적 사역과 인간의 합당한 반응을 의미합니다.

초기 성결교회는 중생을 "새 생명의 주 예수를 자기의 구주로 믿고 받아들이면 하나님께서 약속하신 말씀(요 3:16)과 같이 그 영혼에게 영원한 생명을 주는 것"으로 생각했습니다. 그리고 중생을 신생과 재생으로 구분하며, 중생을 가리켜 '신창조(고후 5:17)', '새마음(롬 12:2; 엡 4:24)'으로 표현하기도 합니다.

중생은 '새로 지음 받는다'는 뜻입니다. 이것은 구체적으로 '새로 창조한다'는 뜻을 가지고 있기 때문에 인간의 영혼이 그리스도 안에서 새로 지음 받아 새로운 피조물로 인정받게 되는 것입니다(고후 5:17). 또한 중생은 영적 부활을 의미합니다. 중생 이전의 영혼으로는 하나님을 온전히 알 수 없었지만, 예수 그리스도를 믿음으로 다시 살아난 영혼은 영적 새로움, 즉 영혼의 부활을 경험하는 것과 같은 은혜를 경험합니다. 그는 허물과 죄로 죽었지만, 예수 그리스도를 믿음으로 다시 살리심을 받은 것입니다(엡 2:1). 이제 중생한 사람은 로마서 12장 2절의 권고를 따라 새로 지음을 받은 사람으로 이전의 삶의 방식을 버리고 전혀 새로워진 삶의 방식인 예수 그리스도를 믿는 믿음을 따라 살아갑니다.

성경구절

(요 3:16) "하나님이 세상을 이처럼 사랑하사 독생자를 주셨으니 이는 그를 믿는 자마다 멸망하지 않고 영생을 얻게 하려 하심이라."

(롬 12:2) "너희는 이 세대를 본받지 말고 오직 마음을 새롭게 함으로 변화를 받아 하나님의 선하시고 기뻐하시고 온전하신 뜻이 무엇인지 분별하도록 하라"

(엡 4:24) “하나님을 따라 의와 진리의 거룩함으로 지으심을 받은 새 사람을 입으라”
(고후 5:17) “그런즉 누구든지 그리스도 안에 있으면 새로운 피조물이라 이전 것은 지나갔으니 보라 새 것이 되었도다.”
(엡 2:1) “그는 허물과 죄로 죽었던 너희를 살리셨도다.”

(2) 성결

성결은 본 교단을 나타내는 가장 중요하고 특별한 교리입니다. 신앙적으로 성결은 신자가 중생의 은혜를 받은 후에 나타나는 은혜로서, 예수 보혈의 공로와 성령세례로 말미암아 하나님께 봉사하기에 가장 적합한 능력을 얻게 되는 은총입니다. 신자는 성결의 은혜를 통해 원죄에서 깨끗함을 받게 됩니다.

전통적으로 성결에 대한 몇 가지 설명이 있습니다. 첫째, 성결은 죄악의 뿌리, 즉 내부에 남아 있는 악한 죄성과 마음속의 옛 사람을 주의 보혈과 성령의 불로 정결하게 하며, 또한 더러운 것과 세속적인 것이 남아 있지 않은 것을 의미합니다. 둘째, 성결은 성경에서 말하는 것처럼 “내가 거룩하니 너희도 거룩하라(벧전 1:15)”는 말씀을 따라 마음이 깨끗해지는 것과(마 5:8), 하늘에 계신 하나님의 온전하심과 같이 온전해 지는 것(마 5:48), 그리고 모든 사람들과 화목한 관계를 유지하는 경건을 통해 죄를 짓지 않는 생활을 하는 것입니다. 셋째로 성결이란 아담으로부터 물려받은 죄성에서 구속함을 받는 일과 인간의 정욕을 십자가에 못 박는 것입니다.

성결에 대한 바른 성경적 해석은 중생의 은혜를 체험한 후에 단번에 체험하는 성령을 통해 불같은 세례를 받는 것을 말합니다. 중생의 은혜는 직접 지은 죄(자범죄)로부터 자유하게 되지만 거룩함에 도달하기에는 부족합니다. 따라서 두 번째 은혜인 성결의 체험이 필요합니다. 이것은 아담이 물려준 죄로부터 깨끗해지는 은혜를 받으므로 죄로부터 자유함을 받아 날마나 승리하는 신자의 삶을 살게 합니다. 그때 비로소 나를 부르신 하나님의 뜻을 따라 모든 행실에서 거룩한 사람이 됩니다(벧전 1:15; 살전 4:3, 7).

신자의 삶을 위하여 성결을 요구받는 것은 하나님의 형상의 회복 때문입니다. 아담의 죄 이후로 인간은 하나님의 형상에 대하여 심각한 손상을 입었습니다. 그로 말미암아 인간은 하나님의 진리를 이해하는 것과 바른 삶을 위하여 항상 연약함을 나타낼 수밖에 없게 되었습니다. 죄의 성품을 가진 인간은 지성 또는 단지 깊은 종교심으로 하나님의 마음을 이해하고 예배할 수 있는 믿음을 가질 수 없습니다.

하지만 믿음으로 말미암아 새롭게 태어나는 중생의 은혜와 성결의 은혜를 통해 신자는 거룩한 사람이 됩니다. 이것을 가리켜 존 웨슬리는 '신자의 완전' 이라고 말했습니다. 물론 여기서 말하는 '완전' 이란 하나님과 같아지는 완전이나 더 이상의 발전을 필요로 하지 않는 유형의 완전이 아닌, 하나님을 경험하는 신앙의 깊이가 자라가는 발전 지향적 완전을 의미합니다.

성경구절

(벧전 1:15) "오직 너희를 부르신 거룩한 이처럼 너희도 모든 행실에 거룩한 자가 되라"

(마 5:8) "마음이 청결한 자는 복이 있나니 그들이 하나님을 볼 것임이요"

(마 5:48) "그러므로 하늘에 계신 너희 아버지의 온전하심과 같이 너희도 온전하라"

(살전 4:3, 7) "하나님의 뜻은 이것이니 너희의 거룩함이라 곧 음란을 버리고… 하나님이 우리를 부르심은 부정하게 하심이 아니요 거룩하게 하심이니"

(3) 신유

신유라는 말에 담긴 신앙적 의미는 구원의 은혜를 받은 사람들이 하나님의 능력으로 다양한 질병으로부터 치료된다는 것을 말합니다. 신앙인은 예수 그리스도의 십자가와 관련된 고난과 그에 따르는 고통이 결국에는 사람들의 죄로 말미암은 결과로써 경험하는 모든 부조리한 것으로부터 자유함을 주신다는 뜻을 포함하고 있습니다. 성결교회는 예수님의 십자가 죽으심과 그의 부활하심을 통해 영혼은 물론 육체까지도 구원 받을 수 있다는 것을 진리로 받아들입니다.

성경에는 하나님의 은혜로 육체의 질병이 치료되었다는 뜻을 가진 용어들이 나타납니다(잠 12:18; 13:17; 16:24). 구약성경에서 '재앙으로부터 구원 받는다', '병중에 고통을 받다가 치료된다' (마 8:8), '병든 자가 고침을 받았다' (눅 9:2; 히 12:13), 심지어 마음을 괴롭히는 것들을 회복시켜주셨다(마 13:15)는 뜻의 표현들이 있습니다.

신유는 크게 두 종류로 일반신유와 특별신유가 있습니다. 일반신유는 하나님의 구원을 경험한 사람들이 깨끗하고 경건한 삶을 유지할 때 경험할 수 있고 건강을 바르게 유지할 때 주어지는 은혜이기 때문에 가장 강조되어야 할 은혜입니다. 일반신유는 은혜를 받은 신자가 경건한 삶을 추구하는 가운데 질병으로부터 자유하게 살아가도록 하는 은혜이며, 하나님이 주시는 건강입니다. 특별신유는, 하나님의 능력을 믿고 기도함으로써 병의 고침을 받는 것을 말합니다. 즉 육체의 모든 질병, 마귀에게 사로잡힌 정신병, 육체적 질병들이 초자연적인 하나님의 능력과 성령의 역사로 치유되어 온전해지는 것입니다.

성경은 신유의 축복보다 더 큰 은혜는 '감사하는 삶'이라고 가르칩니다(엡 5:20; 살전 5:18). 그리고 신자의 영혼이 건강하면, 그의 모든 삶의 영역에서 평안할 수 있으며, 나아가 건강한 삶이 주어집니다(요삼 1:2). 성결교회 선조들은 이와 같은 믿음의 삶을 살면서 직접 신유의 은혜를 많이 경험했습니다.

성경구절

(잠 12:8) "칼로 찌름 같이 함부로 말하는 자가 있거니와 지혜로운 자의 혀는 양약과 같으니라"

(잠 13:17) "악한 사자는 재앙에 빠져도 충성된 사신은 양약이 되느니라"

(잠 16:24) "선한 말은 꿀송이 같아서 마음에 달고 뼈에 양약이 되느니라"

(마 8:8) "백부장이 대답하여 이르되 주여 내 집에 들어오심을 나는 감당하지 못하겠사오니 다만 말씀으로만 하옵소서 그러면 내 하인이 낫겠사옵나이다"

(눅 9:2) "하나님의 나라를 전파하며 앓는 자를 고치게 하려고 내보내시며"

(히 12:13) "너희 발을 위하여 곧은 길을 만들어 저는 다리로 하여금 어그러지지 않고 고침을 받게 하라"

(마 13:15) "이 백성들의 마음이 완악하여져서 그 귀는 듣기에 둔하고 눈은 감았으니 이는 눈으로 보고 귀로 듣고 마음으로 깨달아 돌이켜 내게 고침을 받을까 두려워함이라 하였느니라"

(엡 5:20) "범사에 우리 주 예수 그리스도의 이름으로 항상 아버지 하나님께 감사하며"

(살전 5:18) "범사에 감사하라 이것이 그리스도 예수 안에서 너희를 향하신 하나님의 뜻이니라"
(요삼 1:2) "사랑하는 자여 네 영혼이 잘됨 같이 네가 범사에 잘되고 강건하기를 내가 간구하노라"

(4) 재림

신약성경은 부활 승천한 예수께서 성도들을 맞이하기 위하여 반드시 다시 오실 것에 대하여 여러 곳에서 말씀하고 있습니다. 재림 신앙은 초기교회의 가장 중요한 신앙적 믿음이었고 속히 다시 오시겠다는 약속에 따라 임박한 재림을 준비하며 살아가는 것이 신자의 가장 중요한 덕목으로 간주되었습니다.

사도 바울은 "예수 그리스도의 재림은 구원 받은 자기 백성들을 궁극적인 구원의 자리로 부르시고 악인들을 심판하기 위한 목적 때문" 이라고 말합니다. 그때 예수 그리스도는 마치 왕의 모습으로 영광스럽게 그의 영토에 오시게 될 것입니다(고전 15:23; 살전 2:19; 3:13; 4:15; 5:23; 살후 2:1, 8).

사도 바울은, 재림이 그리스도의 대적자들에게는 갑작스런 나타남이 된다고 말합니다(살후 1:7~8). 그는 재림을 의미하는 헬라어 단어(에피파네이아)를 "공적인 나타남"을 가리키는 말로 사용하고 있습니다.

재림을 상징하는 표현들로는 '주의 날' (살전 5:2; 살후 2:2), '인자의 날' (눅 17:22), '그리스도의 날' (빌 1:6, 10), '심판의 날' (마 7:22-23; 살전 5:4; 살후 1:10), '나타나심' (고전 1:7; 살후 1:7), '오리라' , '올 때' (마 10:23; 25:31; 막 8:38; 눅 18:8; 요 21:22) 등이 있습니다.

성경구절

(고전 15:23) "그러나 각각 자기 차례대로 되리니 먼저는 첫 열매인 그리스도요 다음에는 그 가 강림하실 때에 그리스도에게 속한 자요"

(살전 2:19) "우리의 소망이나 기쁨이나 자랑의 면류관이 무엇이냐 그가 강림하실 때 우리 주 예수 앞에 너희가 아니냐"

(살전 3:13) "너희 마음을 굳건하게 하시고 우리 주 예수께서 그의 모든 성도와 함께 강림하실 때에 하나님 우리 아버지 앞에서 거룩함에 흠이 없게 하시기를 원하노라"

(살전 4:15) "우리가 주의 말씀으로 너희에게 이것을 말하노니 주께서 강림하실 때까지 우리살아 남아 있는 자도 자는 자보다 결코 앞서지 못하리라"

(살전 5:23) "평강의 하나님이 친히 너희를 온전히 거룩하게 하시고 또 너희의 온 영과 혼과 몸이 우리 주 예수 그리스도께서 강림하실 때에 흠 없게 보전되기를 원하노라"

(살후 2:1,8) "형제들아 우리가 너희에게 구하는 것은 우리 주 예수 그리스도의 강림하심과 우리가 그 앞에 모임에 관하여 ... 그 때에 불법한 자가 나타나리니 주 예수께서 그 입의 기운으로 그를 죽이시고 강림하여 나타나심으로 폐하시리라"

(살후 1:7-8) "환난을 받는 너희에게는 우리와 함께 안식으로 갚으시는 것이 하나님의 공의시니 주 예수께서 자기의 능력의 천사들과 함께 하늘로부터 불꽃 가운데에 나타나실 때에 하나님을 모르는 자들과 우리 주 예수의 복음에 복종하지 않는 자들에게 형벌을 내리시리니"

(살전 5:2) "주의 날이 밤에 도둑 같이 이를 줄을 너희 자신이 자세히 알기 때문이라"

(살후 2:2) "영으로나 또는 말로나 또는 우리에게서 받았다 하는 편지로나 주의 날이 이르렀다고 해서 쉽게 마음이 흔들리거나 두려워하거나 하지 말아야 한다는 것이라"

(눅17:22) "또 제자들에게 이르시되 때가 이르리니 너희가 인자의 날 하루를 보고자 하되 보지 못하리라"

(빌 1:6, 10) "너희 안에서 착한 일을 시작하신 이가 그리스도 예수의 날까지 이루실 줄을 우리는 확신하노라. ... 너희로 지극히 선한 것을 분별하며 또 진실하여 허물없이 그리스도의 날까지 이르고"

(마 7:22-23) "그 날에 많은 사람이 나더러 이르되 주여 주여 우리가 주의 이름으로 선지자 노릇 하며 주의 이름으로 귀신을 쫓아 내며 주의 이름으로 많은 권능을 행하지 아니하였나이까 하리니, 그 때에 내가 그들에게 밝히 말하되 내가 너희를 도무지 알지 못하니 불법을 행하는 자들아 내게서 떠나가라 하리라"

(살전 5:4) "형제들아 너희는 어둠에 있지 아니하매 그 날이 도둑 같이 너희에게 임하지 못 하리니"

(살후 1:10) "그 날에 그가 강림하사 그의 성도들에게서 영광을 받으시고 모든 믿는 자들에게서 놀랍게 여김을 얻으시리니 이는(우리의 증거가 너희에게 믿어졌음이라)"

(고전 1:7) "너희가 모든 은사에 부족함이 없이 우리 주 예수 그리스도의 나타나심을 기다림이라"

(살후 1:7) "환난을 받는 너희에게는 우리와 함께 안식으로 갚으시는 것이 하나님의 공의시니 주 예수께서 자기의 능력의 천사들과 함께 하늘로부터 불꽃 가운데에 나타나실 때에"

(마 10:23) "이 동네에서 너희를 박해하거든 저 동네로 피하라 내가 진실로 너희에게 이르노니 이스라엘의 모든 동네를 다 다니지 못하여서 인자가 오리라"

(마 25:31) "인자가 자기 영광으로 모든 천사와 함께 올 때에 자기 영광의 보좌에 앉으리니"

(막 8:38) "누구든지 이 음란하고 죄 많은 세대에서 나와 내 말을 부끄러워하면 인자도 아버지의 영광으로 거룩한 천사들과 함께 올 때에 그 사람을 부끄러워하리라"

(눅 18:8) "내가 너희에게 이르노니 속히 그 원한을 풀어 주시리라 그러나 인자가 올 때에 세상에서 믿음을 보겠느냐 하시니라"

(요 21:22) "예수께서 이르시되 내가 올 때까지 그를 머물게 하고자 할지라도 네게 무슨 상관이냐 너는 나를 따르라 하시더라"

3) 성경

「성경」은 살아계신 「하나님」의 말씀입니다.

(1) 「신·구약」 원문, 「성경」 전체는 「성령」의 감동으로 된 정확무오한 「하나님」의 말씀입니다.

(2) 성경은 모든 사람을 구원하는 절대 경전으로 믿으며, 신앙과 행위의 표준으로 믿고, 교회 정치제도의 규범으로 삼습니다.

(3) 「성경」을 영적 부흥과 복을 받는 진리로 믿으며, 인간생활의 유일한 지침으로 믿고, 「성경」 진리의 줄기가 되는 「사도신경」을 믿습니다.

(4) 「성경」이 특별계시된 것을 부인, 가감하지 말아야 하며, 자의적으로 해석하지 말아야 합니다.

4) 하나님 이해

(1) 하나님

① 하나님은 누구신가?

하나님은 인간을 육체 이상의 특별한 존재로 창조하셨습니다. 성경은 인간의 본질을 설명할 때 눈에 보이지 않는 세계까지를 추구할 수 있는 특별한 존재, 진리를 생각하고 추구하는 하나님의 형상을 지니고 있는 존재라고 말합니다. 하지만 아담의 죄 때문에 부패한 인간은 스스로 하나님을 발견하거나 충분히 이해할 수 없게 되었습니다.

물론 하나님은 자신을 만물 가운데 드러내셨고, 지금도 역사 안에서 활동하시므로 자신의 존재를 나타내십니다. 타락한 인간의 상태로는 하나님의 초월성을 전부 파악할 수 없습니다. 하나님이 자신을 계시하지 않으면 인간은 그분을 알 수 없습니다. 인간은 하나님을 인식할 수 없지만 하나님은 인간이 하나님을 알아가는 것을 기뻐하십니다.

② 세상 모든 곳에 계십니다.

하나님은 온 세상에 존재하십니다. 이 말은 모든 곳에, 모든 시간에 계신다는 뜻이기도 합니다. 하나님은 자연과 인간의 본성, 그리고 모든 시간 안에 살아계십니다. 그것을 가리켜 '현존하시는 하나님'이라고 부릅니다. 신학적 용어로는 '무소부재(無所不在, omnipresence)'라고 말합니다. 시편 139편 8절은 "내가 하늘에 올라갈지라도 거기 계시며 스올에 내 자리를 펼지라도 거기 계시니이다"라고 말했으며, 예레미야 23장 24절에서는 "...여호와가 말하노라 나는 천지에 충만하지 아니하냐"고 말했습니다. 뿐만 아니라, 사도행전 17장 27-28절은 "이는 사람으로 혹 하나님을 더듬어 찾아 발견하게 하려 하심이로되 그는 우리 각 사람에게서 멀리 계시지 아니하도다 우리가 그를 힘입어 살며 기동하며 존재하느니라 너희 시인 중 어떤 사람들의 말과 같이 우리가 그의 소생"이라고 말했습니다. 그리고 복음서 곳곳에서 예수님은 자연 가운데 일어나는 모든 일이 하나님의 활동의 증거라고 말씀했습니다(마 6:25-30; 10:29-30).

③ 시간과 공간을 초월하여 계십니다.

이사야 선지자는 하나님에 관하여 "이는 내 생각이 너희의 생각과 다르며 내 길은 너희의 길과 다름이니라 여호와의 말씀이니라"(사 55:8-9)라고 말했습니다. 그리고 시편에서는 "여호와는 모든 나라보다 높으시며 그의 영광은 하늘보다 높으시도다"(시 113:4)라고 고백했습니다. 하나님이 초월적이라는 뜻은 물리적 공간 이상의 존재라는 뜻이며, 특정한 장소나 공간 이상에 계신다는 뜻입니다. 따라서 하나님은 스스로 존재하시며, 모든 것으로부터 자유하신 분입니다.

④ 삼위일체

하나님은 성부, 성자, 성령으로 존재하시면서 본질적으로 하나임을 설명하는 신학적 용어입니다. 3세기 터툴리안이 처음 사용한 말이었지만, 이후에는 하나님을 설명하는 가장 중요한 말이 되었습니다. 이해하기 어려운 말이지만, 성경에는 하나님께서 아버지와 아들이 하나의 본질이라는 표현들이 나옵니다. 삼위일체를 이해하는데 도움이 될 수 있는 표현이 다음과 같은 것들이 있습니다.

a. 위격

위격(位格)[2]이라는 말은 '고유특성' 또는 '다른 모든 것이 있게 하는 기본이 되고 근원되는 실체'를 가리키는 말입니다. 이 말은 본래, 고대 라틴어에서 유래한 말로써, 연기하는 배우들의 '가면' 또는 구체적인 '인물'을 상징하는 말이었습니다. 그 이유는, 청중들이 극중의 인물의 성격을 분명하게 구분할 수 있도록 하기 위해 독특한 양식의 가면을 쓰고 연기했기 때문입니다. 청중들은 그 가면을 쓴 배우의 연기를 통해서 그의 역할을 분명하게 이해할 수 있었습니다.

---

2) 초기교회 교부들은 '위격'이라는 말을 '휘포스타시스'로 표기했다. 이와 유사한 말이 '페르소나' 라는 용어가 있지만, 이 용어로 쓸 경우 하나님을 마치 세 가면을 썼다는 양태론적 오해를 불러오기 때문에 이를 방지하기 위한 방편이었다.

b. 본질상 하나이며 같은 하나님

하나님을 인격적인 세 분으로 구분할 수 있지만, 신비로운 일체성을 가진 영원한 분입니다. 삼위 하나님은 완전하게 협동하는 모습을 보여줍니다. 세계를 창조할 때(창 1:26), 예수께서 세례를 받으실 때(마 3:13-17), 기적을 행하실 때(행 10:38), 새창조의 일을 완성하실 때(계 21:1-27) 함께 하십니다. 이런 측면에서 성경에 나타난 하나님의 삼위일체적 모습에는 본질, 존재 방식, 목표, 의지, 사랑, 진리, 능력에서 본질상 하나이며 같은 분입니다.

c. 삼위일체론의 신비

예수님은 요한복음 14장 11절에서 "내가 아버지 안에 거하고 아버지께서 내 안에 계심을 믿으라"고 말씀하셨습니다. 그 외에도 요한복음 16장 13절부터 15절에서도 아버지와 자신은 상호 내주의 관계 안에 있다고 말씀했습니다. 삼위일체라는 말과 그것의 논리적 이해를 사람이 모두 파악하거나 이해할 수 없습니다. 하나님의 존재하는 방식을 사람의 말로 모두 파악하는 것이 불가능하기 때문입니다. 따라서 삼위일체 하나님의 존재방식은 신비이므로, 오히려 그 교리를 신앙으로 믿는 것이 바람직합니다.[3)]

---

3) 삼위일체를 설명할 때 가장 신학적이고 신앙적인 의미는 '관계성'에 강조점을 둔 설명방식이다. 어거스틴은 성부, 성자, 성령은 절대 분리될 수 없는 상호적 관계 안에서 하나의 동일 본질을 지닌다고 설명했다. 그의 신학을 계승한 갑파도기아 학자들은 '관계신학'적 이해를 통해 사랑의 유비를 삼위일체론에 도입했다. 동방의 갑파도기아 신학자들은 삼위일체의 신비한 관계성을 설명하기 위하여 '페리코레시스'라는 용어를 도입하여, 세 위격의 통일성을 강조했다. 이 말은 '상호침투' 또는 '상호내주'라는 뜻으로, 타자를 향한 개방성과 사랑으로 나아가는 관계성을 의미한다. 하나님의 본질이 공통체적이고 관계성에 있음을 강조하는 설명 방식이다.

성경구절

(행 10:38) "하나님이 나사렛 예수에게 성령과 능력을 기름 붓듯 하셨으매 그가 두루 다니시며 선한 일을 행하시고 마귀에게 눌린 모든 사람을 고치셨으니 이는 하나님이 함께 하셨음이라"

(요 14:10-11) "내가 아버지 안에 거하고 아버지는 내 안에 계신 것을 네가 믿지 아니하느냐 내가 너희에게 이르는 말은 스스로 하는 것이 아니라 아버지께서 내 안에 계셔서 그의 일을 하시는 것이라. 내가 아버지 안에 거하고 아버지께서 내 안에 계심을 믿으라 그렇지 못하겠거든 행하는 그 일로 말미암아 나를 믿으라."

(요 14:26) "보혜사 곧 아버지께서 내 이름으로 보내실 성령 그가 너희에게 모든 것을 가르치고 내가 너희에게 말한 모든 것을 생각나게 하리라."

(요 16:13-15) "그러나 진리의 성령이 오시면 그가 너희를 모든 진리 가운데로 인도하시리니 그가 스스로 말하지 않고 오직 들은 것을 말하며 장래 일을 너희에게 알리시리라. 그가 내 영광을 나타내리니 내 것을 가지고 너희에게 알리시겠음이라. 무릇 아버지께 있는 것은 다 내 것이라 그러므로 내가 말하기를 그가 내 것을 가지고 너희에게 알리시리라 하였노라."

(2) 하나님의 속성

① 절대적 속성

a. 자존성

하나님은 스스로 존재하시는 분입니다(출 3:14). 이 말을 성경은 알파와 오메가라는 말로 표현합니다(계 1:8). 세상의 모든 것은 창조하시는 하나님께 의존합니다. 하나님은 모든 것에 대하여 스스로 계십니다.

b. 불변성

하나님은 변함이 없으신 분입니다. 심지어 거짓이나 마음을 함부로 바꾸는 분이 아닙니다(삼상 15:29). 하나님은 언제나 일정하시고(히 1:12), 영원토록 동일하십니다(히 13:8). 그렇다고 하나님은 활동하지 않는 분이라는 뜻이 아닙니다. '불변한다'는 뜻은 반드시 활동과 연결되는 것은 아닙니다. 이 말은 하나님은 지금도 일하시고, 활동하시지만, 그분의 성품과 본질에 있어서 변함이 없으신 분이라는 뜻입니다.

c. 영원성

우리는 하나님을 부를 때 '영원하신 하나님'이라고 부릅니다. 이 말은 하나님의 속성 가운데 가장 대표적인 것입니다. 하나님은 시간적 제한을 받지 않으십니다. 하나님은 세상의 모든 법칙과 원리로부터 자유로운 분이시기 때문입니다. 이런 하나님의 본질에 대하여 시편 102편 26절부터 27절은 "천지는 없어지려니와 주는 영존하시겠고 그것들은 다 옷 같이 낡으리니 의복 같이 바꾸시면 바뀌려니와, 주는 한결같으시고 주의 연대는 무궁하리이다"라고 말했습니다. 세상에 있는 모든 물질적인 것은 시간의 흐름에 따라 변하기도 하고 소멸되기도 하지만, 하나님은 모든 것에서 영원하십니다(애 5:19).

d. 편재성

하나님의 초월성은 모든 공간을 초월하여 존재하시는 하나님인 동시에 모든 공간에 참여하신다는 뜻입니다. 예레미야는 이러한 하나님의 살아계심을 가리켜 예레미야 23장 23절부터 24절에서 "나는 가까운 데에 있는 하나님이요 먼 데에 있는 하나님은 아니냐. 여호와의 말씀이니라 사람이 내게 보이지 아니하려고 누가 자신을 은밀한 곳에 숨길 수 있겠느냐 여호와가 말하노라 나는 천지에 충만하지 아니하냐"라고 기록합니다.

성경구절

(출 3:14) "하나님이 모세에게 이르시되 나는 스스로 있는 자이니라 또 이르시되 너는 이스라엘 자손에게 이같이 이르기를 스스로 있는 자가 나를 너희에게 보내셨다 하라"
(계 1:8) "주 하나님이 이르시되 나는 알파와 오메가라 이제도 있고 전에도 있었고 장차 올 자요 전능한 자라 하시더라"
(삼상 15:29) "이스라엘의 지존자는 거짓이나 변개함이 없으시니 그는 사람이 아니시므로 결코 변개하지 않으심이니이다 하니"
(히 1:12) "의복처럼 갈아입을 것이요 그것들은 옷과 같이 변할 것이나 주는 여전하여 연대가 다함이 없으리라 하였으나"
(히 13:8) "예수 그리스도는 어제나 오늘이나 영원토록 동일하시니라"
(애 5:19) "여호와여 주는 영원히 계시오며 주의 보좌는 대대에 이르나이다"

② 상대적 속성

a. 영적 속성

하나님은 비물질적이지만 동시에 물질적인 것들에 대하여도 제한을 받지 않으십니다. 그것을 가리켜 '영적 속성'이라고 말합니다. 따라서 예수님은 예배를 받으시는 하나님을 가리켜 "하나님은 영"이시기 때문에 예배하는 사람들은 영과 진리로 예배해야 한다고 말씀하셨습니다(요 4:24). 이 말은 하나님이야말로 모든 것의 창조자이시며, 그것들의 근원이 되신다는 뜻입니다. 하나님의 영적인 속성은 눈으로 볼 수 없지만(불가현성), 동시에 생명성과 인격성을 포함합니다. 그러므로 하나님은 우리와의 인격적 교제를 요구하시고 그것을 통하여 하나님을 닮아가는 영적인 사람이 되기를 기대하십니다.

b. 전지적 속성

하나님은 모든 것의 근원자이십니다. 하나님이 무엇을 안다는 것은 인간이 배우고, 듣고, 반복하여 습득하여 아는 것과 다릅니다. 하나님의 앎의 속성은 '근원적'[4]이라는 말로 설명할 수 있습니다. 우리는 하나님의 자기 표현인 창조와 피조물, 그리고 인간에게 부여하신 감각과, 이해하는 방식을 통해 지식을 가질 수 있습니다. 반면에 하나님은 그분 자체로 영원한 지식 그 자체이기도 합니다. 역대하 6장 30절에서 성경 기자는 "주는 계신 곳 하늘에서 들으시며 사유하시되 각 사람의 마음을 아시오니 그의 모든 행위대로 갚으시옵소서 주만 홀로 사람의 마음을 아심이니이다"라고 말했습니다. 이에 대하여 사도 바울은 야고보서 1장 5절에서 "너희 중에 누구든지 지혜가 부족하거든 모든 사람에게 후히 주시고 꾸짖지 아니하시는 하나님께 구하라 그리하면 주시리라"라고 말했습니다. 이런 설명은 하나님은 많은 것을 아시기 때문에 그분께 배우라는 뜻이 아니라, 하나님이야 말로 모든 지식의 근원이자 시작이시며 그 자체시라는 뜻입니다. 그러므로 하나님을 사랑하고 그분에게 순종하는 삶을 추구할 때 그 사람은 지식이 깊어지고 지혜로운 사람이 될 수 있습니다(잠 1:7).

c. 전능적 속성

창세기 17장 1절을 비롯한 성경 여러 곳에서 '하나님은 전능하시다'라

---

4) '근원적'이라는 말은 다른 말로 '시원적(始原的)'이라는 말로 대신할 수 있습니다. 이 말은 '어떤 것이 시작되는 맨 처음의 상태인 것'을 의미하는 말입니다. 성경 창세기가 말하는 것은 하나님에 의한 창조뿐만 아니라, 하나님이야 말로 만물의 근원이며, 모든 것이 시작되게 하시는 분이라는 사실을 밝히고 있습니다. 즉, 창세기 1장은 사물의 시작을 말하고 있으며 하나님은 그 이야기를 모든 사람이 이해할 수 있는 방식으로 제시하셨습니다.

고 선언합니다(창 28:3; 48:3). 일반적으로 '전능성' 이라는 말은 무엇이든지 다 할 수 있는 하나님의 도덕적 속성을 의미합니다. 그리고 이 말은 하나님께 사용될 때는 모든 것을 다 할 수 있지만 하나님의 본성을 거스르지 않는 한도 내에서의 하나님의 능력을 나타내는 말입니다. 하나님은 무질서한 전능자가 아닙니다. 하나님은 스스로 정하신 정의와 방법으로 세상을 통치하실 뿐만 아니라, 죄를 보시고 눈 감으시는 분이 아니십니다(히 1:3). 또한 하나님은 자신을 부인할 수도 없는 분이시며(딤후 2:13), 스스로 거짓말을 할 수도 없는 분이십니다(히 6:8). 따라서 전능하신 하나님은 우리에게 재능과 은사를 주시며 좋은 열매(성령의 열매)를 기대하십니다.

성경구절

(요 4:24) "하나님은 영이시니 예배하는 자가 영과 진리로 예배할지니라"

(잠 1:7) "여호와를 경외하는 것이 지식의 근본이거늘 미련한 자는 지혜와 훈계를 멸시하느니라"

(창 28:3) "전능하신 하나님이 네게 복을 주시어 네가 생육하고 번성하게 하여 네가 여러 족속을 이루게 하시고"

(창 48:3) "요셉에게 이르되 이전에 가나안 땅 루스에서 전능하신 하나님이 내게 나타나사 복을 주시며"

(히 1:3) "이는 하나님의 영광의 광채시요 그 본체의 형상이시라 그의 능력의 말씀으로 만물을 붙드시며 죄를 정결하게 하는 일을 하시고 높은 곳에 계신 지극히 크신 이의 우편에 앉으셨느니라"

(딤후 2:13) "우리는 미쁨이 없을지라도 주는 항상 미쁘시니 자기를 부인하실 수 없으시리라"

(히 6:8) "만일 가시와 엉겅퀴를 내면 버림을 당하고 저주함에 가까워 그 마지막은 불사름이 되리라"

③ 도덕적 속성

a. 성결

하나님은 거룩(성결)하신 분입니다. 하나님의 성결한 속성은 어떤 악과도 관계가 없으시고 인간의 죄를 깨끗하게 하시기를 원하십니다. 요한계시록 4장 8절은 "거룩하다 거룩하다 거룩하다 주 하나님 곧 전능하신 이여..." 라고 찬양했습니다. 하나님은 범죄한 모든 인간이 하나님의 거룩하심에 참여하기를 원하십니다. 따라서 성경 곳곳에서 하나님의 거룩하심에 참여할 것을 촉구하고 있습니다(벧전 1:16; 레 11:45).

b. 선하심

하나님은 선하신 분입니다. 하나님이라는 용어 자체에 그분의 선하심이 담겨 있습니다. 마가복음 10장 18절에서 예수님은 영생을 위하여 자신을 찾아 온 젊은 관원이 자신을 선하다고 높여 부를 때 "네가 어찌하여 나를 선하다 일컫느냐 하나님 한 분 외에는 선한 이가 없느니라"라고 말씀하셨습니다. 이것은 하나님은 스스로 선하신 분이시며, 자신이 지으신 모든 피조물에 대해서도 선하신 분임을 나타내는 것입니다. 그리하여 하나님은 사랑, 은혜, 자비, 긍휼, 인내, 진실함과 같은 선하신 속성을 피조물을 통해 나타내십니다.

c. 정의(공의)로우심

하나님은 의로우신 분입니다. 그분은 자신 안에서 스스로 의로울 뿐 아니라, 모든 피조물과의 관계에 있어서도 의로우신 분입니다. 하나님은 인간이 그분의 의에 순종할 때 상급을 주시며, 불순종할 때 심판으로 자신의 의로움을 나타내십니다.

성경구절

(벧전 1:16) "기록되었으되 내가 거룩하니 너희도 거룩할지어다 하셨느니라"
(레 11:45) "나는 너희의 하나님이 되려고 너희를 애굽 땅에서 인도하여 낸 여호와라 내가 거룩하니 너희도 거룩할지어다"

5) 교회 이해

교회는 하나님께 부르심을 받아 죄악 된 세상과 구별되어. 「예수」를 구주로 믿어 구속받은 성도들의 공동체이므로, 교회는 곧 「예수 그리스도」의 몸이며(엡 1:23), 성도들이 모여 「하나님」께 예배드리며, 성례전(학습, 세례, 성찬)을 거행하는 성전이며, 「하나님」의 말씀을 가르치며, 복음을 전하여 모든 영혼으로 하여금 구원받게 하는 진리의 기둥과 터와 같으며(딤전 3:15), 모든 교인들이 「예수 그리스도」의 신부의 자격을 갖추고, 「주」의 재림을 기다리는 거룩한 공교회입니다.

성결교회는 교회를 「하나님」께 대한 예배, 그리고 성도의 교제와 훈련을 유지해 나가며 세상을 변화시키기 위해서 마지막 날까지 보존될 것을 믿습니다.

성경구절

(엡 1:23) "교회는 그의 몸이니 만물 안에서 만물을 충만하게 하시는 이의 충만함이니라"
(딤전 3:15) "만일 내가 지체하면 너로 하여금 하나님의 집에서 어떻게 행하여야 할지를 알게 하려 함이니 이 집은 살아 계신 하나님의 교회요 진리의 기둥과 터니라"

6) 부활

성결교회는 모든 인간은 한 번 반드시 죽지만, 마지막 때(末世)에 모두 부활할 것을 믿으며, 특히 성도들은 예수께서 죽으셨다가 부활하심과 같은 영광스러운 몸으로 변화될 것을 믿습니다.

(1) 부활의 뜻

부활은 죽었던 것이 다시 살아남을 뜻하는 말이지만, 이는 영적 부활과 육체적 부활 두 가지를 모두 포함하는 말입니다. 그러므로 부활은 단순히 환생(還生)하는 것과는 차이가 있습니다. 곧 영적 부활은 죄악으로 죽었던 영혼이(엡 2:1) 「예수 그리스도」의 대속의 죽음과 부활을 믿음으로서 영혼이 다시 삶을 얻는 것을 말하며 이를 가리켜 중생이라고 말합니다(골 3:1). 육체의 부활은 「예수」께서 재림하실 때 죽은 성도의 육체의 부활과(요 11:25, 26; 살전 4:16; 고전 15:52) 천년시대 후에 죄인의 육체의 부활을 말하는 것입니다(요 5:29; 계 20:13).

성경구절

(엡 2:1) "그는 허물과 죄로 죽었던 너희를 살리셨도다."

(골 3:1) "그러므로 너희가 그리스도와 함께 다시 살리심을 받았으면 위의 것을 찾으라 거기는 그리스도께서 하나님 우편에 앉아 계시느니라"

(요 11:25-26) "예수께서 이르시되 나는 부활이요 생명이니 나를 믿는 자는 죽어도 살겠고, 무릇 살아서 나를 믿는 자는 영원히 죽지 아니하리니 이것을 네가 믿느냐"

(살전 4:16) "주께서 호령과 천사장의 소리와 하나님의 나팔 소리로 친히 하늘로부터 강림하시리니 그리스도 안에서 죽은 자들이 먼저 일어나고"

(고전 15:52) "나팔 소리가 나매 죽은 자들이 썩지 아니할 것으로 다시 살아나고 우리도 변화 되리라"
(요 5:29) "선한 일을 행한 자는 생명의 부활로, 악한 일을 행한 자는 심판의 부활로 나오리라"
(계 20:13) "바다가 그 가운데에서 죽은 자들을 내주고 또 사망과 음부도 그 가운데에서 죽은 자들을 내주매 각 사람이 자기의 행위대로 심판을 받고"

(2) 부활의 시기

① 1차 부활

이것은 「예수」 부활과 「주님」이 공중재림하실 때에 죽은 성도의 부활(생존 성도의 변화도 포함)과 큰 환란 때의 순교자의 부활까지입니다(고전 15:20-23, 52; 살전 4:16, 17; 계 7:14; 20:4).

② 2차 부활

이것은 천년시대 후, 큰 심판 직전에 창조하신 이후로 죽은 모든 죄인의 부활을 의미하며, 곧 심판의 부활입니다(요 5:29; 계 20:13).

③ 부활의 상태와 생활

인간의 육체는 병들고 썩지만, 이 부활의 상태에 들어가면 몸이 썩지 않으며, 영화롭고 강한 영을 가진 몸을 지니게 되며, 이 부활한 몸은 시간과 공간에서 초월하고(요 20:19), 물질에서 초월하며, 남·녀 성에서 초월하고, 병들지 않으며, 늙지 않으며, 그리고 죽지 않는 몸으로 변화됩니다. 이는 곧, 예수의 부활한 몸과 같은 영광의 몸이며(빌 3:20, 21), 영생의 몸을 뜻합니다(요 11:25).

성경구절

(살전 4:16-17) "주께서 호령과 천사장의 소리와 하나님의 나팔 소리로 친히 하늘로부터 강림하시리니 그리스도 안에서 죽은 자들이 먼저 일어나고, 그 후에 우리 살아남은 자들도 그들과 함께 구름 속으로 끌어 올려 공중에서 주를 영접하게 하시리니 그리하여 우리가 항상 주와 함께 있으리라"

(계 7:14) "내가 말하기를 내 주여 당신이 아시나이다 하니 그가 나에게 이르되 이는 큰 환난에서 나오는 자들인데 어린 양의 피에 그 옷을 씻어 희게 하였느니라"

(계 20:4) "또 내가 보좌들을 보니 거기에 앉은 자들이 있어 심판하는 권세를 받았더라 또 내가 보니 예수를 증언함과 하나님의 말씀 때문에 목 베임을 당한 자들의 영혼들과 또 짐승과 그의 우상에게 경배하지 아니하고 그들의 이마와 손에 그의 표를 받지 아니한 자들이 살아서 그리스도와 더불어 천 년 동안 왕 노릇 하니"

(요 5:29) "선한 일을 행한 자는 생명의 부활로, 악한 일을 행한 자는 심판의 부활로 나오리라"

(계 20:13) "바다가 그 가운데에서 죽은 자들을 내주고 또 사망과 음부도 그 가운데에서 죽은 자들을 내주매 각 사람이 자기의 행위대로 심판을 받고"

(요 20:19) "이 날 곧 안식 후 첫날 저녁 때에 제자들이 유대인들을 두려워하여 모인 곳의 문을 닫았더니 예수께서 오사 가운데 서서 이르시되 너희에게 평강이 있을지어다"

(빌 3:20-21) "그러나 우리의 시민권은 하늘에 있는지라 거기로부터 구원하는 자 곧 주 예수그리스도를 기다리노니, 그는 만물을 자기에게 복종하게 하실 수 있는 자의 역사로 우리의 낮은 몸을 자기 영광의 몸의 형체와 같이 변하게 하시리라"

(요 11:25) "예수께서 이르시되 나는 부활이요 생명이니 나를 믿는 자는 죽어도 살겠고"

7) 천년왕국

성결교회는 「예수」께서 지상에 강림하여 건설하시게 될 평화의 나라, 즉 천년왕국(千年王國)을 믿습니다.

(1) 천년시대의 의의

천년왕국은 「예수」께서 땅으로 강림하시고, 세상을 심판하시며, '사탄'을 잡아 무저갱에 가두신 후 건설하실 '메시아'의 복을 받은 나라입니다. 이것은 안식의 시대이며(히 4:6-7), 해방의 희년이며(사 61:2; 렘 25장), 에덴의 회복이며(사 35:1-2; 행 3:20, 21), 예언의 성취이며(사 9:6, 7; 11:6-9; 65:17-25), 「주기도문」이 성취되는 시대입니다(마 6:10).

성경구절

(히 4:6-7) "그러면 거기에 들어갈 자들이 남아 있거니와 복음 전함을 먼저 받은 자들은 순종하지 아니함으로 말미암아 들어가지 못하였으므로, 오랜 후에 다윗의 글에 다시 어느 날을 정하여 오늘이라고 미리 이같이 일렀으되 오늘 너희가 그의 음성을 듣거든 너희 마음을 완고하게 하지 말라 하였나니"

(사 61:2) "여호와의 은혜의 해와 우리 하나님의 보복의 날을 선포하여 모든 슬픈 자를 위로하되"

(사 35:1-2) "광야와 메마른 땅이 기뻐하며 사막이 백합화 같이 피어 즐거워하며, 무성하게 피어 기쁜 노래로 즐거워하며 레바논의 영광과 갈멜과 사론의 아름다움을 얻을 것이라 그것들이 여호와의 영광 곧 우리 하나님의 아름다움을 보리로다"

(행 3:20-21) "또 주께서 너희를 위하여 예정하신 그리스도 곧 예수를 보내시리니, 하나님이 영원 전부터 거룩한 선지자들의 입을 통하여 말씀하신 바 만물을 회복하실 때 까지는 하늘이 마땅히 그를 받아 두리라"

(사 9:6-7) "이는 한 아기가 우리에게 났고 한 아들을 우리에게 주신 바 되었는

데 그의 어깨에는 정사를 메었고 그의 이름은 기묘자라, 모사라, 전능하신 하나님이라, 영존하시는 아버지라, 평강의 왕이라 할 것임이라. 그 정사와 평강의 더함이 무궁하며 또 다윗의 왕좌와 그의 나라에 군림하여 그 나라를 굳게 세우고 지금 이후로 영원히 정의와 공의로 그것을 보존하실 것이라 만군의 여호와의 열심이 이를 이루시리라"

(마 6:10) "나라가 임하시오며 뜻이 하늘에서 이루어진 것 같이 땅에서도 이루어지이다"

(2) 천년시대의 형편

① 세상 형편

이 시대는 성결의 시대이며(슥 14:20), 평화의 시대이며(사 2:4), 통일의 시대입니다(엡 1:10; 슥 9:10). 이 시대는 곧, 온 세계가 「예수 그리스도」로 말미암아 완전하게 회복되는 시대이자, 그에게로 돌아가는 시대입니다.

성경구절

(슥 14:20) "그 날에는 말 방울에까지 여호와께 성결이라 기록될 것이라 여호와의 전에 있는 모든 솥이 제단 앞 주발과 다름이 없을 것이니"

(사 4:2) "그가 열방 사이에 판단하시며 많은 백성을 판결하시리니 무리가 그들의 칼을 쳐서 보습을 만들고 그들의 창을 쳐서 낫을 만들 것이며 이 나라와 저 나라가 다시는 칼을 들고 서로 치지 아니하며 다시는 전쟁을 연습하지 아니하리라"

(엡 1:10) "하늘에 있는 것이나 땅에 있는 것이 다 그리스도 안에서 통일되게 하려 하심이라"

(슥 9:10) "내가 에브라임의 병거와 예루살렘의 말을 끊겠고 전쟁하는 활도 끊으리니 그가 이방 사람에게 화평을 전할 것이요 그의 통치는 바다에서 바다까지 이르고 유브라데강에서 땅 끝까지 이르리라"

② 물질세계의 형편

토지가 회복되며(사 32:15), 식물이 회복되고(사 55:13), 동물이 회복되는 시대입니다(사 11:6-9).

성경구절

(사 32:15) "마침내 위에서부터 영을 우리에게 부어 주시리니 광야가 아름다운 밭이 되며 아름다운 밭을 숲으로 여기게 되리라"
(사 55:13) "잣나무는 가시나무를 대신하여 나며 화석류는 찔레를 대신하여 날 것이라 이것이 여호와의 기념이 되며 영영한 표징이 되어 끊어지지 아니하리라"

③ 인간의 형편

천년시대에는 성경이 말하는 대로 인간의 수명이 회복되고(사 65:20), 육체가 회복되며(사 35:5-6), 그리고 지식이 회복되는 시대입니다(렘 31:34).

성경구절

(사 65:20) "거기는 날 수가 많지 못하여 죽는 어린이와 수한이 차지 못한 노인이 다시는 없을 것이라 곧 백 세에 죽는 자를 젊은이라 하겠고 백 세가 못되어 죽는 자는 저주 받은 자이리라"
(사 35:5-6) "그 때에 맹인의 눈이 밝을 것이며 못 듣는 사람의 귀가 열릴 것이며, 그 때에 저는 자는 사슴 같이 뛸 것이며 말 못하는 자의 혀는 노래하리니 이는 광야에서 물이 솟겠고 사막에서 시내가 흐를 것임이라"
(렘 31:34) "그들이 다시는 각기 이웃과 형제를 가리켜 이르기를 너는 여호와를 알라 하지 아니하리니 이는 작은 자로부터 큰 자까지 다 나를 알기 때문이라 내가 그들의 악행을 사하고 다시는 그 죄를 기억하지 아니하리라 여호와의 말씀이니라"

(3) 천년시대의 정치

이 시대의 정치는 「예수 그리스도」께서 만왕의 왕으로 온 세계를 다스리시고, 성도들이 「주」와 같이 왕 노릇 할 것입니다(계 20:4-6; 17:14; 슥 14:16). 그러므로 성도는 그리스도와 함께 평화와 공의로 다스리는 새하늘과 새 땅의 시대를 펼치게 됩니다.

성경구절

(계 17:14) "그들이 어린 양과 더불어 싸우려니와 어린 양은 만주의 주시요 만왕의 왕이시므로 그들을 이기실 터이요 또 그와 함께 있는 자들 곧 부르심을 받고 택하심을 받은 진실한 자들도 이기리로다"

(슥 14:16) "예루살렘을 치러 왔던 이방 나라들 중에 남은 자가 해마다 올라와서 그 왕 만군의 여호와께 경배하며 초막절을 지킬 것이라"

8) 인간의 범죄와 타락

(1) 성경적 타락 이해

① 인간 타락에 관한 요소들

창세기는 인간 타락과 관련된 네 가지 요소를 말하고 있습니다. 첫째는, 에덴동산을 배경으로 발생한 타락 이야기입니다. 창세기 2장 8절에서 하나님은 에덴동산을 창설하시고 그 지으신 사람을 거기에 살게 하셨습니다. 둘째로, 그곳에는 생명나무가 있었는데, 그것은 하나님을 향한 인간의 계속적인 의존과 신적인 생명을 표시하는 역할을 했습니다. 세 번째로, 선악을 알게 하는 나무가 있었는데, 이것은 인간의 도덕적 책임감을 환기시켜주는 역할을 하게 하는 것이었습니다. 마지막으로, 사람을 시험하는 자로써 뱀(사탄)이 등장합니다. 이들 요소가 인간의 타락과 관련된 중요한 요소들입니다.

② 선악을 알게 하는 나무

선악을 알게 하는 나무의 열매를 먹음으로 죄가 세상에 들어오게 된 것은 곧 하나님의 명령에 불순종한 것입니다. 그러므로 인간의 타락은 먹지 말도록 금지된 선악과를 먹음으로 하나님의 명령을 어긴 것을 가리키는 것입니다. 인간이 하나님께서 금하신 것을 먹은 행위가 곧 인간의 범죄가 되었습니다.

③ 자유의지의 남용

자유의지란, 하나님이 인간에게 부여하신 능력으로 스스로 판단하고 결정하며 실천할 수 있는 힘을 말합니다. 하나님께서 인간에게 자유의지를 주신 목적은 사람이 스스로 하나님의 뜻을 따라 살아가기를 원하셨음을 뜻합니다. 그러나 사탄의 유혹을 받은 사람은 자유롭게 선택할 의지를 사용하여 하나님이 금하신 것을 행하므로 불순종했습니다. 이것을 가리켜 '자유의지의 남용' 이라고 말합니다.

④ 자유의지의 남용과 인간의 타락

자유의지의 남용은 하나님의 명령에 대한 불순종으로 이어졌습니다. 이것은 곧 하나님의 뜻을 따르지 않고 자신의 뜻을 따랐다는 것을 보여주는 것입니다. 인간이 타락하게 된 것은 자기중심적인 상태를 고집했음을 의미합니다. 의지의 잘못된 사용으로 죄를 범하는 것이야 말로, 인간의 타락이 가져온 끔찍한 결과입니다.

결국 타락한 인간은 자유롭게 사용할 수 있는 하나님의 선물인 선한 의지에 대하여 '포로된 자유의지'[5]를 지닐 수밖에 없게 된 것입니다. 이 말은 인간에게 자유의지가 없는 것이 아니라, 육체의 정욕에 사로잡혀서 스스로 자신을 해방하려는 경향성이 강화된 자유의지이며, 그것으로 오직 자기중심적인 선택만을 하게 되므로 죄로 기울어질 수밖에 없게 됩니다. 결국 죄는 의지의 잘못된 사용으로 말미암는 인간의 욕망(탐욕)의 결과가 만들어 낸 것입니다.

9) 죄에 대한 이해

(1) 죄에 대한 정의

죄는 하나님과 인간의 언약적 관계에서 이해할 수 있습니다. 즉 피조물인 인간이 창조주이신 하나님의 말씀을 거역하려는 마음, 스스로 하나님이 되려는 욕망(탐욕)이 죄입니다. 선악을 알게 하는 나무의 열매를 먹음으로 하나님과 같이 되고자 했지만, 그것은 하나님의 뜻을 떠남을 의미합니다. 하나님께서 지시하신 방향으로 나아가지 않는 것이 죄이며, 그것은 곧 인간을 하나님의 형상으로 창조하셨을 때 부여받은 내적인 목표를 지향하지 않는 것을 말합니다. 결국 타락한 인간은 반복적으로 범죄 하게 되고, 그는 하나님의 뜻을 실현할 수 없게 됩니다. 이것이 곧 죄입니다.

(2) 성경이 말하는 죄

---

5) 포로된 자유의지(liberum arbitrium captivatum)란, 어거스틴이 사용한 말입니다. 그는 자유 의지가 죄에 치명적인 영향을 받는다는 사실을 지적하고, 은혜가 인간의 자유 의지를 죄로 기울어지는 경향에서 벗어나 '해방된 자유 의지'(liberum arbitrium liberatum)가 되게 할 수 있다는 것을 말하려는 의도에서 사용했습니다.

성경은 인간의 타락(욕망, 탐욕)으로 하나님과의 관계가 파괴되었으며, 그에 따르는 결과로서 하나님의 목표와 뜻을 성취하지 못하는 인간의 행위가 죄라고 가리킵니다. 구약 성경에서의 죄의 개념은 첫째로, '죄를 짓는' 행위를 통해 본래 가고자 하는 목표를 놓치게 된 것을 강조합니다. 둘째로, 죄란 일종의 '위반' 일 뿐만 아니라, '죄에 대한 책임' 과 '징벌' 또는 '형벌' 이라는 개념을 가지고 있습니다. 세 번째로, 죄란 '누구로부터 벗어나다' '등지다' 또는 '배교하다' 라는 뜻을 포함하고 있습니다. 신약 성경에서 죄의 개념은 첫째로, 일반적으로 '과녁이나 목표를 놓치거나 어긋나게 하다' 라는 뜻을 가진 '하마르티아' 라는 말입니다. 이 말은 '하나의 목표를 이루지 못하다' '성취하지 못하다' '실현하지 못하다' 등과 같은 뜻을 가지고 있습니다. 다음으로는, '의로움' 이나 '정의' 와 반대 개념으로 '불의한 행위' 를 의미하며, 그것은 하나님의 의, 또는 하나님의 공동체에 대한 신뢰와는 다른 개념으로 사용되었습니다. 바울은 죄의 의미를 인간을 향한 신실하신 하나님에 대한 인간의 거부가 죄라고 말했습니다(롬 14장).

(3) 죄의 결과와 죽음의 문제

하나님은 창세기 2장 17절에서 일찍이 인간이 선악을 알게 하는 나무의 열매를 먹을 경우 반드시 죽을 것을 말씀했습니다. 아담이 하나님의 명령에 불순종하고 선악과를 먹으므로 죽음이 이 세상에 들어왔습니다. 이것을 가리켜 바울은 로마서 5장 21절에서 한 사람 아담으로 말미암아 죄가 세상에 들어왔고, 그 죄로 말미암아 모든 사람이 죄를 범한 결과가 되었으며, 죽음(사망)이 모든 사람에게 이르게 되었다고 말했습니다. 히브리서 9장 27절에서, 성경 기자는 아담의 범죄 이후 사람이 한 번 죽는 것은 분명한 이치가 되었으며, 그 후에는 영원한 심판이 있게 되었다고 말했습니다

(롬 2:6-10; 전 12:5).

성경구절

(전 12:5) "또한 그런 자들은 높은 곳을 두려워할 것이며 길에서는 놀랄 것이며 살구나무가 꽃이 필 것이며 메뚜기도 짐이 될 것이며 정욕이 그치리니 이는 사람이 자기의 영원한 집으로 돌아가고 조문객들이 거리로 왕래하게 됨이니라"

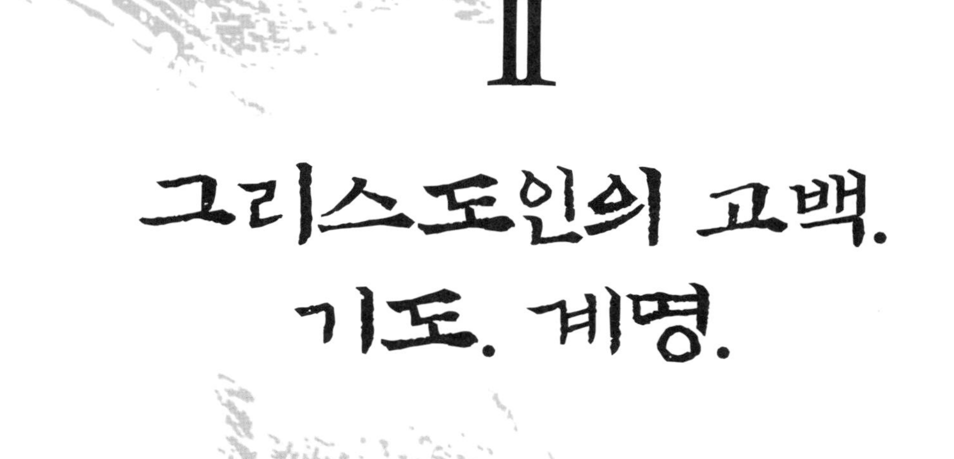

Ⅱ

그리스도인의 고백. 기도. 계명.

Ⅱ. 그리스도인의 고백. 기도. 계명.

1. 사도신경

문1. 사도신경[6]을 암송할 수 있습니까?

답 : 네! 암송할 수 있습니다.

나는 전능하신 아버지 하나님, 천지의 창조주를 믿습니다.
나는 그의 유일하신 아들, 우리 주 예수 그리스도를 믿습니다. 그는 성령으로 잉태되어 동정녀 마리아에게서 나시고, 본디오 빌라도에게 고난을 받아 십자가에 못 박혀 죽으시고, 장사된 지 사흘 만에 죽은 자 가운데서 다시 살아나셨으며, 하늘에 오르시어 전능하신 아버지 하나님 우편에 앉아 계시다가, 거기로부터 살아 있는 자와 죽은 자를 심판하러 오십니다.
나는 성령을 믿으며, 거룩한 공교회와 성도의 교제와 죄를 용서받는 것과 몸의 부활과 영생을 믿습니다. 아멘.

문2. 사도신경의 항목들은 어떻게 나눌 수 있습니까?

---

6) 사도신경은 초기교회가 사용한 신앙고백으로 기독교 신앙의 핵심을 표현한다. 현재 우리가 사용하는 사도신경은 사도들에 의하여 형성된 것으로 알려졌고 초기 교회에서 일반적으로 사용되었다. 후에 니케아신경(325년), 콘스탄티노플신경(381년), 칼케돈신경(451년)의 기초가 되었다. 따라서 사도신경은 모든 신경의 골격을 이루는 사도적인 신경이라고 할 수 있다.

답 : 크게는 세 부분인 성부 하나님, 성자 예수, 성령의 역사를 믿는 고백으로 분류되며, 세부적으로는 12항목으로 나눌 수 있습니다.

문3. "전능하사 천지를 만드신 하나님 아버지를 내가 믿사오며"라는 사도신경의 첫 번째 고백에서 당신이 믿는 두 가지는 무엇입니까?

답 : 1) 나는 하나님께서는 전능하시며 천지를 창조하신 주 이심을 믿습니다(창 1:1).

2) 창조주 하나님께서 예수 그리스도를 믿는 신자의 아버지가 되심을 믿습니다(요 8:42).

문4. "그 외아들 우리 주 예수 그리스도를 믿사오니"라는 신앙고백에서 당신이 믿는 것은 무엇입니까?

답 : 1) 하나님의 외아들 예수는 그리스도임을 믿습니다(요 3:16; 마 16:16)[7].

2) 그리스도이신 예수님이 나의 주(LORD)이심을 믿습니다(행 2:36).

성경구절

(창 1:1) "태초에 하나님이 천지를 창조하시니라"

(요 8:42) "예수께서 이르시되 하나님이 너희 아버지였으면 너희가 나를 사랑하였으리니 이는 내가 하나님께로부터 나와서 왔음이라 나는 스스로 온 것이 아니요 아버지께서 나를 보내신 것이니라"

---

7) '그리스도' 라는 말은 '기름 부음을 받은 자' 이라는 뜻이며, 히브리적 표현으로는 '메시아' 이다. 구약성경적 의미로 그리스도는 왕 또는 선지자이지만, 신약성경에서는 '구세주' 또는 '구원할 자' 라는 뜻을 나타내는 말이다.

(요 3:16) "하나님이 세상을 이처럼 사랑하사 독생자를 주셨으니 이는 그를 믿는 자마다 멸망치 않고 영생을 얻게 하려 하심이라"
(마 16:16) "시몬 베드로가 대답하여 이르되 주는 그리스도시요 살아 계신 하나님의 아들이시니이다"

문 5. "우리 주 예수 그리스도"의 잉태와 탄생의 과정은 어떠했습니까?

답 : 그는 성령으로 잉태되어 동정녀 마리아에게서 태어나셨습니다 (눅 1:35).

문 6. 예수님은 어떻게 우리의 구원자가 되실 수 있습니까?

답 : 죄 없으신 예수님이 우리 죄를 대신하여 십자가에 죽으시고 부활하셨기 때문입니다 (막 15:15; 막 16:6).

문 7. 부활하신 예수님은 지금 어디에 계십니까?

답 : 하늘에 오르시어 전능하신 아버지 하나님 우편에 앉아 계십니다 (행 7:55).

문 8. 예수님은 처음 이 세상에 오셨을 때(초림) 구원자로 오셨는데, 다시 오실 예수님(재림)은 무엇을 위하여 오십니까?

답 : 하나님의 보좌로부터 살아 있는 자와 죽은 자의 심판 주로 오십니다(계 22:12).

문 9. "나는 성령을 믿으며"라는 말에 담긴 세 가지 믿음의 고백은 무엇입니까?

답 : 1) 성령은 성부와 성자와 함께 참되고 영원한 하나님이심을 믿습니다(요 14:26).

2) 하나님께서 나에게도 성령을 보내 주셨음을 믿습니다(눅 11:13).

3) 성령께서 나를 가르치시고 진리 가운데로 인도하실 것을 믿습니다(요 16:13).

성경구절

(눅 1:35) "천사가 대답하여 이르되 성령이 네게 임하시고 지극히 높으신 이의 능력이 너를 덮으시리니 이러므로 나실 바 거룩한 이는 하나님의 아들이라 일컬어지리라"

(막 15:15) "빌라도가 무리에게 만족을 주고자 하여 바라바는 놓아주고 예수는 채찍질하고 십자가에 못 박히게 넘겨 주니라"

(막 16:6) "청년이 이르되 놀라지 말라 너희가 십자가에 못 박히신 나사렛 예수를 찾는구나 그가 살아나셨고 여기 계시지 아니하니라 보라 그를 두었던 곳이니라"

(행 7:55) "스데반이 성령 충만하여 하늘을 우러러 주목하여 하나님의 영광과 및 예수께서 하나님 우편에 서신 것을 보고"

(계 22:12) "보라 내가 속히 오리니 내가 줄 상이 내게 있어 각 사람에게 그가 행한 대로 갚아 주리라"

(요 14:26) "보혜사 곧 아버지께서 내 이름으로 보내실 성령 그가 너희에게 모든 것을 가르치고 내가 너희에게 말한 모든 것을 생각나게 하리라"

(눅 11:13) "너희가 악할지라도 좋은 것을 자식에게 줄 줄 알거든 하물며 너희 하늘 아버지께서 구하는 자에게 성령을 주시지 않겠느냐 하시니라"

(요 16:13) "그러나 진리의 성령이 오시면 그가 너희를 모든 진리 가운데로 인도하시리니 그가 스스로 말하지 않고 오직 들은 것을 말하며 장래 일을 너희에게 알리시리라"

문10. "거룩한 공교회[8)]"를 믿는다는 것은 무엇입니까?

답 : 1) 예수께서 교회의 머리가 되시고 교회는 예수님의 몸으로 하나 됨을 믿습니다(엡 5:23).

2) 예수께서 교회에 사자를 보내 양육하고 보호하여 영광 받으실 것을 믿습니다(계 22:16)

3) 예수께서 성도를 온전케 하여 그리스도의 몸인 교회를 세워가실 것을 믿습니다(엡 4:12).

문11. "성도가 서로 교통하는 것[9)]"은 무슨 뜻입니까?

답 : 1) 믿는 사람은 그리스도를 중심으로 한 지체가 되어 서로 교제한다는 것입니다(행 2:46).

2) 성령의 뜻대로 나누어주신 은사로서 교회 안에서 서로를 섬겨야 한다는 것입니다(고전 12:11; 행 4:32).

문12. 당신은 "죄를 사하여 주시는 것"에 대하여 무엇을 믿습니까?

---

8) '거룩한 공교회(the holy catholic church)'란, 하나의 교회(엡 4:4-6, 골 1:18), 거룩한 교회, 보편적(우주적) 교회, 그리고 사도적 전통을 가진 교회(행 2:42)를 뜻하는 말이다. 이 말을 로마 가톨릭 교회를 지칭하는 것으로 오해하는 경우가 있지만, '로마교회(Roman Catholic Church)'와는 분명하게 구별된다. 가톨릭(catholic)이라는 말은, 헬라어 '카톨릭코스'로서 "보편적 입장에 있는(according to the whole)"이라는 뜻을 가진 말이다. 따라서 '거룩한 공교회'라는 말은, 예수 그리스도를 믿는 신앙고백 위에 세워진 모든 교회이며, 동시에 사도적 신앙고백의 전통위에 있는 보편적이고 우주적인 교회를 의미한다.

9) "성도의 교통"이라는 말은 성도의 연합, 즉 성도는 그리스도를 중심으로 교제한다는 것을 의미하는 말이다. 신약성경에서 '교회'를 가리키는 일반적인 뜻은 '마음에 세워진 교회(building in mind)를 가리킬 때가 많으며, 바울 사도가 고린도교회와 갈라디아교회에 편지할 때 자주 사용했다(고전 1:2; 갈 1:2). 초기교회 당시에는 오늘과 같이 성도들의 예배 모임을 위한 건물로서의 교회가 많지 않았다. 따라서 초기교회 성도들은 구체적이고 실질적인 믿음과 순종의 교제가 요구되었다. 실제로 초기교회 성도들은 매우 활발하고 역동적인 교제를 그들의 신앙을 바탕으로 실천했다(골 1:3-4).

답 : 우리가 죄인임을 인정하여 죄를 자백하면 우리 죄를 사하시고 모든 불의에서 깨끗하게 하실 하나님을 믿습니다(요일 1:9).

문13. "몸이 다시 사는 것과 영원히 사는 것을 믿사옵나이다 아멘"에서 당신은 무엇을 믿습니까?

답 : 예수께서 죽으시고 부활하시어 새로운 생명을 얻으셨듯이 예수님을 믿는 우리들도 몸의 부활과 새 생명을 얻을 것을 믿습니다(요 11:25-26).

문14. 사도신경을 고백하는 믿음은 현재 나의 삶에 어떠한 영향을 미칩니까?

답 : 예수 그리스도의 죽으심과 부활을 믿을 때 나는 영원한 생명을 소유하며, 생명을 위협하는 것들로부터 자유하게하며, 하나님의 말씀대로 순종하여 살도록 담대한 믿음을 갖게 합니다(행 5:41; 마 5:10-12).

성경구절

(엡 4:12) "이는 성도를 온전케 하여 봉사의 일을 하게 하며 그리스도의 몸을 세우려 하심이라"

(엡 5:23) "이는 남편이 아내의 머리됨이 그리스도께서 교회의 머리됨과 같음이니 그가 바로 몸의 구주시라"

(계 22:16) "나 예수는 교회들을 위하여 내 사자를 보내어 이것들을 너희에게 증언하게 하였노라 나는 다윗의 뿌리요 자손이니 곧 광명한 새벽별이라 하시더라"

(행 2:46) "날마다 마음을 같이하여 성전에 모이기를 힘쓰고 집에서 떡을 떼며 기쁨과 순전한 마음으로 음식을 먹고"

(고전 12:11) "이 모든 일은 같은 한 성령이 행하사 그의 뜻대로 각 사람에게 나누어 주시는 것이니라"

(행 4:32) "믿는 무리가 한마음과 한뜻이 되어 모든 물건을 서로 통용하고 자기 재물을 조금 이라도 자기 것이라 하는 이가 하나도 없더라."

(요일 1:9) "만일 우리가 우리 죄를 자백하면 그는 미쁘시고 의로우사 우리 죄를 사하시며 우리를 모든 불의에서 깨끗하게 하실 것이요"

(요 11:25-26) "예수께서 이르시되 나는 부활이요 생명이니 나를 믿는 자는 죽어도 살겠고 무릇 살아서 나를 믿는 자는 영원히 죽지 아니하리니 이것을 네가 믿느냐"

(행 5:41) "사도들은 그 이름을 위하여 능욕 받는 일에 합당한 자로 여기심을 기뻐하면서 공회 앞을 떠나니라"

(마 5:10) "의를 위하여 박해를 받은 자는 복이 있나니 천국이 그들의 것임이라 나로 말미암아 너희를 욕하고 박해하고 거짓으로 너희를 거슬러 모든 악한 말을 할 때에는 너희에게 복이 있나니 기뻐하고 즐거워하라 하늘에서 너희의 상이 큼이라 너희 전에 있던 선지자들도 이같이 핍박하였느니라"

2. 주기도문

문1. 예수님께서 가르쳐주신 기도(주기도문)를 암송할 수 있습니까?(마 6:9-13)

답 : 네! 암송하여 기도할 수 있습니다.

"하늘에 계신 우리 아버지,
아버지의 이름을 거룩하게 하시며, 아버지의 나라가 오게 하시며, 아버지의 뜻이 하늘에서와 같이 땅에서도 이루어지게 하소서.

오늘 우리에게 일용할 양식을 주시고, 우리가 우리에게 잘못한 사람을 용서하여 준 것 같이 우리 죄를 용서하여 주시고, 우리를 시험에 빠지지 않게 하시고, 악에서 구하소서.
나라와 권능과 영광이 영원히 아버지의 것입니다. 아멘"(마 6:9-13; 눅 11:2-4)

문2. 마태복음 6장 5절 - 8절에서 예수님께서 제자들에게 가르치신 기도를 통해 배울 수 있는 성도의 마땅한 태도는 무엇입니까?

답 : 1) 외식하는 자[10]와 같이 사람에게 보이기 위해 기도하지 말라(마 6:5).
2) 골방[11]에 들어가 은밀한 중에 보시는 네 아버지께 기도하라(마 6:6).
3) 이방인과 같이 중언부언[12]하듯 기도하지 말라고 말씀하셨습니다(마 6:7).

문3. 예수님께서 가르쳐주신 기도문은 어떻게 구분할 수 있습니까?

답 : 하나님과 관련된 기도(마 6:9-10)와 기도자를 위한 기도(마

10) "외식하는 자"라는 말은 '자기 자신이 아닌, 다른 누군가인 것처럼' 보이게 하려는 태도를 의미한다. 마태복음에서는 사람들에게 주목을 받으려고 시장이나 많은 사람들이 있는 곳에서 습관적으로 기도했던 바리새인들을 빗댄 표현이다. 그들은 사람들의 이목이 집중되는 장소에서 서서 기도하는 것을 즐겼던 사람들이다. 이것은 예수께서 가르친 기도의 올바른 태도가 아니다.

11) "골방"이라는 말은 시장 어귀나 이목이 집중되는 장소와 상반되는 의미로 사용되었으며, 이곳은 "곳간"이나 "창고"를 가리키는 데 사용되었다(눅 12:24). 이런 기도의 방식은 "외식하는 자"들의 태도와 다른 것으로 기도의 "은밀성"을 강조하는 표현이다. 기도는 곧 하나님과 나와의 깊은 교제의 시간이라는 뜻이다.

12) "중언부언" 이라는 말의 헬라어의 기본적인 뜻은 "말더듬이"라는 계열의 말에서 파생되었으며, 성경에서는 '반복적인' 또는 '마술적인 주문'을 통해 하나님을 조종해보려는 시도에 대한 경고로 사용되었다.

6:11-13)로 나눌 수 있습니다.

문 4. 우리가 드리는 기도의 대상은 누구입니까?

답 : 하늘에 계신 우리 아버지이십니다(사 64:8; 롬 1:7).

문 5. 하늘에 계신 아버지의 "이름이 거룩히 여김을 받으시오며"라는 기도는 무슨 뜻입니까?

답 : 하나님의 이름이 영화롭게 되며, 우리의 생각과 말과 행동 때문에 하나님의 명예가 훼손되지 않도록 간구하라는 것입니다.

성경구절

(마 6:5) "또 너희는 기도할 때에 외식하는 자와 같이 하지 말라 그들은 사람에게 보이려고 회당과 큰 거리 어귀에 서서 기도하기를 좋아하느니라 내가 진실로 너희에게 이르노니 그들은 자기 상을 이미 받았느니라"

(마 6:6) "너는 기도할 때에 이방 네 골방에 들어가 문을 닫고 은밀한 중에 계신 네 아버지께 기도하라 은밀한 중에 보시는 네 아버지께서 갚으시리라"

(마 6:7) "또 기도할 때에 이방인과 같이 중언부언하지 말라 그들은 말을 많이 하여야 들으실 줄 생각하느니라"

(사 64:8) "그러나 여호와여, 이제 주는 우리 아버지시니이다 우리는 진흙이요 주는 토기장이시니 우리는 다 주의 손으로 지으신 것이니이다"

(롬 1:7) "로마에서 하나님의 사랑하심을 받고 성도로 부르심을 받은 모든 자에게 하나님 우리 아버지와 주 예수 그리스도로부터 은혜와 평강이 있기를 원하노라"

문 6. "아버지의 나라가 오게 하시며"라는 기도는 무슨 뜻입니까?

답: 신자는 나의 나라도 세상 나라도 아닌 하나님나라가 이 땅 위에

임하기를 간구하여야 할 것을 가르쳐주십니다(마 6:33).

문7. "아버지의 뜻이 하늘에서와 같이 땅에서도 이루어지게 하소서"라는 기도는 무슨 뜻입니까?

답 : 개인의 뜻이 아닌 하나님 아버지의 뜻이 이루어지기를 기도할 것을 가르쳐 주셨습니다(마 26:42).

문8. 기도자(개인, 공동체)를 위한 첫 번째 간구인 "오늘 우리에게 일용할 양식을 주시고"는 무슨 뜻입니까?

답 : 육신의 생명 양식을 오늘 공급해 주실 것을 간구하라는 기도이며 우리의 생명이 하나님께 있음을 인정하는 기도입니다(출 16:21; 요 6:33).

문9. 기도자(개인, 공동체)를 위한 두 번째 간구인 "우리가 우리에게 잘못한 사람을 용서하여 준 것 같이 우리 죄를 용서하여 주시고"는 무슨 뜻입니까?

답 : 죄 용서를 구할 것을 가르친 것입니다. 죄 용서를 구할 수 있는 자격은 자신에게 죄 지은 사람을 먼저 용서한 사람이어야 함을 말씀해 주셨습니다(눅 19:8).

문10. 기도자(개인, 공동체)를 위한 세 번째 간구인 "우리를 시험에 빠지지 않게 하시고 악에서 구하소서"는 무슨 뜻입니까?

답 : 신자의 삶에는 시험이 존재하므로 그것에 빠지지 않고 날마다 악에서 구원받는 은혜가 하나님으로부터 있기를 기도하라고 가르쳐 주십니다(눅 22:40, 46).

문11. 예수님께서 가르쳐 주신 마지막 기도인 "나라와 권능과 영광이 영원히 아버지의 것입니다 아멘"은 무슨 뜻입니까?

답 : "하늘에 계신 우리 아버지여"라고 시작된 기도는 모든 영광이 하나님 아버지의 것임을 고백하는 것으로 마쳐져야 한다는 것을 가르칩니다.

성경구절

(마 6:33) "그런즉 너희는 먼저 그의 나라와 그의 의를 구하라 그리하면 이 모든 것을 너희에게 더하시리라"

(마 26:42) "다시 두 번째 나아가 기도하여 이르시되 내 아버지여 만일 내가 마시지 않고는 이 잔이 내게서 지나갈 수 없거든 아버지의 원대로 되기를 원하나이다 하시고"

(출 16:21) "무리가 아침마다 각 사람은 먹을 만큼만 거두었고 햇볕이 뜨겁게 쬐면 그것이 스러졌더라"

(요 6:33) "하나님의 떡은 하늘에서 내려 세상에 생명을 주는 것이니라"

(눅 19:8) "삭개오가 서서 주께 여짜오되 주여 보시옵소서 내 소유의 절반을 가난한 자들에게 주겠사오며 만일 누구의 것을 속여 빼앗은 일이 있으면 네 갑절이나 갚겠나이다"

(눅 22:40) "그 곳에 이르러 그들에게 이르시되 유혹에 빠지지 않게 기도하라"

(눅 22:46) "이르시되 어찌하여 자느냐 시험에 들지 않게 일어나 기도하라 하시니라"

3. 십계명

문1. 하나님과의 언약 사항인(출 20:1–17; 신 5:6–21; 눅 10:27) 10가지 계명을 암송할 수 있습니까?

답 : 네! 암송할 수 있습니다.

1) 너는 나 외에는 다른 신들을 네게 두지 말지니라.
2) 너를 위하여 새긴 우상을 만들지 말고, 그것들에게 절하지 말며, 섬기지 말라.
3) 너는 네 하나님 여호와의 이름을 망령되이 부르지 말라.
4) 안식일을 기억하여 거룩하게 지키라.
5) 네 부모를 공경하라.
6) 살인하지 말라.
7) 간음하지 말라.
8) 도둑질하지 말라.
9) 네 이웃에 대하여 거짓 증거하지 말라.
10) 네 이웃의 집을 탐내지 말라.

문2. 언약사항인 열 가지 계명은 언제 주셨으며 목적은 무엇입니까?

답: 1) 아브라함과 세운 언약을 기억하여(창 15:13-14; 출 2:24) 출애굽하신 후 시내산에서 주셨습니다.

2) 약속의 땅 가나안에 들어가 하나님의 백성으로 거룩하게 살기 위하여 주셨습니다(레 18:3-5).

문3. 하나님께서 주신 계명을 지킬 수 있습니까?

답 : 예! 하나님의 은혜와 사랑을 힘입어 지킬 수 있습니다(마 19:18; 눅 1:5-6; 빌 3:6).

성경구절

(창 15:13–14) "여호와께서 아브람에게 이르시되 너는 반드시 알라 네 자손이 이 방에서 객이 되어 그들을 섬기겠고 그들은 사백 년 동안 네 자손을 괴롭히리니 그들이 섬기는 나라를 내가 징벌할지며 그 후에 네 자손이 큰 재물을 이끌고 나오리라"

(출 2:24) "하나님이 그들의 고통 소리를 들으시고 하나님이 아브라함과 이삭과 야곱에게 세운 그의 언약을 기억하사 하나님이 이스라엘 자손을 돌보셨고 하나님이 그들을 기억하셨더라"

(레 18:3–5) "너희는 너희가 거주하던 애굽 땅의 풍속을 따르지 말며 내가 너희를 인도할 가나안 땅의 풍속과 규례도 행하지 말고 너희는 내 법도를 따르며 내 규례를 지켜 그대로 행하라 나는 너희의 하나님 여호와니라 너희는 내 규례와 법도를 지키라 사람이 이를 행하면 그로 말미암아 살리라 나는 여호와이니라"

(마 19:18) "이르되 어느 계명이오니이까 예수께서 이르시되 살인하지 말라, 간음하지 말라, 도둑질하지 말라, 거짓 증언 하지 말라"

(빌 3:6) "열심으로는 교회를 박해하고 율법의 의로는 흠이 없는 자라"

문4. 십계명을 크게 두 부분으로 어떻게 구분할 수 있습니까?(눅 10:27)

답 : 1) 첫째, 우리가 하나님을 사랑해야 한다는 말씀으로 제 1계명부터 제 4계명에 해당됩니다.

2) 둘째, 우리가 이웃을 사랑해야 함을 강조하는 것으로 제 5계명부터 제 10계명입니다.

문5. 구약의 계명을 오늘을 사는 신자들도 지켜야 합니까?

답 : 예! 지켜야 합니다. 예수님께서도 지키라고 말씀하셨습니다(눅 10:28).

문6. 하나님의 계명이 우리의 자유를 억압하고 규제하는 무거운 짐입니까?(요일 5:3)

답 : 아닙니다. 방종을 멀리하고 참 자유를 알게 하며, 악한 세력에서 우리를 살리는 진리입니다(레 18:5).

문7. "너는 나 외에는 다른 신들을 네게 두지 말라(출 20:3)"는 첫 번째 계명에서 요구하는 것은 무엇입니까?

답 : 애굽 땅에서 10가지 재앙을 통해 여호와만이 참 신이심을 증명하셨기에 거짓 신과 참 신을 비교하여 인생을 낭비하지 말 것을 분명히 말씀하십니다(출 14:31).

문8. 하나님은 두 번째 계명(출 20:4-6)에서 무엇을 요구하십니까?

답 : 1) 하나님을 어떤 식으로든 형상으로 표현할 수 없기 때문에 우상을 만들지 말라고 말씀하십니다(출 32:4).

2) 하나님을 사랑하고 계명을 지키는 자에게 은혜를 베풀기 원하십니다(출 20:6).

성경구절

(눅 10:27) "대답하여 이르되 네 마음을 다하며 목숨을 다하며 힘을 다하며 뜻을 다하여 주 너의 하나님을 사랑하고 또한 네 이웃을 네 자신과 같이 사랑하라 하였나이다"

(눅 10:28) "예수께서 이르시되 네 대답이 옳도다 이를 행하라 그러면 살리라"

(요일 5:3) "하나님을 사랑하는 것은 이것이니 우리가 그의 계명들을 지키는 것이라 그의 계명들은 무거운 것이 아니로다"

(레 18:5) "너희는 내 규례와 법도를 지키라 사람이 이를 행하면 그로 말미암아 살리라 나는 여호와이니라"

(출 14:31) "이스라엘이 여호와께서 애굽 사람들에게 행하신 그 큰 능력을 보았으므로 백성이 여호와를 경외하며 여호와와 그의 종 모세를 믿었더라"

(출 32:4) "아론이 그들의 손에서 금 고리를 받아 부어서 조각칼로 새겨 송아지 형상을 만드니 그들이 말하되 이스라엘아 이는 너희를 애굽 땅에서 인도하여 낸 너희의 신이로다 하는지라"

(출 20:4-6) "너를 위하여 새긴 우상을 만들지 말고 또 위로 하늘에 있는 것이나 아래로 땅에 있는 것이나 땅 아래 물 속에 있는 것의 어떤 형상도 만들지 말며 그것들에게 절하지 말며 그것들을 섬기지 말라 나 네 하나님 여호와는 질투하는 하나님인즉 나를 미워하는 자의 죄를 갚되 아버지로부터 아들에게로 삼사 대까지 이르게 하거니와 나를 사랑하고 내 계명을 지키는 자에게는 천 대까지 은혜를 베푸느니라"

문9. 하나님은 세 번째 계명(출 20:7)에서 무엇을 요구하십니까?

답 : 1) 자신을 위해 저주, 거짓 맹세로 하나님의 이름을 욕되게 하거나 잘못 사용해서는 안 된다고 말씀하십니다.[13)]

2) 하나님의 거룩한 이름을 공경하고 사랑하는 마음으로만 부르고 그 이름을 명예롭게 하는 것을 원하십니다.

문10. 하나님은 네 번째 계명(출 20:8-11)에서 무엇을 요구하십니까?

13) 세 번째 계명은 하나님의 이름을 언급하는 것 이상의 의미가 포함되어 있다. 이 말은 계명 자체를 잘못 이해하거나 하나님의 이름을 잘못 사용하므로 이스라엘 속에 역사하시는 여호와 하나님에 대한 신중함과 경외심이 부족해지는 것을 방지하고자 하는 것이다. 물론 일상의 대화에서 하나님의 이름이 들어간 비속어를 사용하는 것도 포함된다고 확대 해석할 수 있다.

답 : 1) 하나님께서 세상을 창조하실 때 7일째 안식하신 날을 기억하여 거룩하게 지키라고 하십니다(창 2:2-3).

2) 우리도 6일 동안 힘써 모든 일을 행한 후에 하나님과 함께, 하나님 안에서 예배와 감사, 찬양과 즐거움으로 안식 하기를 원하십니다.

문11. 하나님은 다섯 번째 계명(출 20:12)에서 무엇을 요구하십니까?

답 : 1) 우리의 영원한 생명의 창조주이신 하나님을 공경하듯 육신의 생명을 가능케 한 부모님을 공경하라 하십니다.

2) 하나님을 사랑하고 계명을 지키듯 부모를 공경하면 약속의 땅에서 생명이 길게 사는 길임을 가르쳐 주십니다.

문12. 하나님은 "살인하지 말라(출 20:13)"는 여섯 번째 계명에서 무엇을 요구하십니까?

답 : 1) 생명의 주인은 하나님이십니다. 내 생명과 같이 이웃의 생명을 존중할 것을 요구하십니다.

2) 정죄와 심판은 하나님의 주권이며 나보다 공의(정의)로우심을 믿고 맡길 것을 요구하십니다.

성경구절

(출 20:7) "너는 네 하나님 여호와의 이름을 망령되게 부르지 말라 여호와는 그의 이름을 망령되게 부르는 자를 죄 없다 하지 아니하리라"

(출 20: 8-11) "안식일을 기억하여 거룩하게 지키라 엿새 동안은 힘써 네 모든 일을 행할 것이나 일곱째 날은 네 하나님 여호와의 안식일인즉 너나 네 아들이나 네

딸이나 네 남종이나 네 여종이나 네 가축이나 네 문안에 머무는 객이라도 아무 일도 하지 말라 이는 엿새 동안에 나 여호와가 하늘과 땅과 바다와 그 가운데 모든 것을 만들고 일곱째 날에 쉬었음이라 그러므로 나 여호와가 안식일을 복되게 하여 그 날을 거룩하게 하였느니라"

(창 2:2-3) "하나님이 그가 하시던 일을 일곱째 날에 마치시니 그가 하시던 모든 일을 그치고 일곱째 날에 안식하시니라 하나님이 그 일곱째 날을 복되게 하사 거룩하게 하셨으니 이는 하나님이 그 창조하시며 만드시던 모든 일을 마치시고 그 날에 안식하셨음이니라"

(출 20:12) "네 부모를 공경하라 그리하면 네 하나님 여호와가 네게 준 땅에서 네 생명이 길리라"

문13. 하나님은 "간음하지 말라(출 20:14)"는 일곱 번째 계명에서 무엇을 가르치십니까?

답 : 1) 우상숭배가 하나님 앞에서의 간음이기 때문에(대상 5:25; 렘 3:8; 13:27) 멀리해야 합니다.

2) 하나님은 창조하신 모든 가정(창 2:18)이 하나님의 뜻 가운데 유지되기를 원하십니다(엡 5:21-33).

문14. 하나님은 "도둑질 하지 말라"는 여덟 번째 계명(출 20:15)에서 무엇을 금하고 요구하십니까?

답 : 1) 자기 유익을 위해 남의 것을 착취하여 일하지 않음을 금하십니다(엡 4:28).

2) 일하시는 창조주인 하나님 뜻을 따라 성실하게 일하며 살아갈 것을 요구하십니다(살전 4:11; 살후 3:10).

문15. 하나님은 "네 이웃에 대하여 거짓 증거하지 말라"는 아홉 번째 계명(출 20:16)에서 무엇을 요구하십니까?

답 : 1) 이웃에 대하여 거짓으로 증언하는 것은 곧 나의 이익을 위해 타인을 희생시키는 행위이므로 금하십니다.

2) 이웃은 우리의 경쟁상대가 아니라 사랑의 대상이며 또 다른 나 자신임을 알라고 말씀하십니다(레 19:18).

문16. 하나님은 '네 이웃의 집을 탐하지 말라'는 열 번째 계명(출 20:17)에서 우리에게 무엇을 요구하십니까?

답: 1) 탐심은 최초의 인류인 하와가 사단의 거짓된 말을 듣고 가졌던 마음입니다(창 3:6).

2) 탐심은 죄이므로 신자가 물리쳐야 할 대상임을 말씀해주십니다(눅 12:15).

성경구절

(대상 5:25) "그들이 그들의 조상들의 하나님께 범죄하여 하나님이 그들 앞에서 멸하신 그 땅 백성의 신들을 간음하듯 섬긴지라"

(렘 3:8) "내게 배역한 이스라엘이 간음을 행하였으므로 내가 그를 내쫓고 그에게 이혼서까지 주었으되 그의 반역한 자매 유다가 두려워하지 아니하고 자기도 가서 행음함을 내가 보았노라"

(엡 5:22, 25) "아내들이여 자기 남편에게 복종하기를 주께 하듯 하라 ...... 남편들아 아내 사랑하기를 그리스도께서 교회를 사랑하시고 그 교회를 위하여 자신을 주심같이 하라"

(엡 4:28) "도둑질하는 자는 다시 도둑질하지 말고 돌이켜 가난한 자에게 구제할 수 있도록 자기 손으로 수고하여 선한 일을 하라"

(살전 4:11) "또 너희에게 명한 것 같이 조용히 자기 일을 하고 너희 손으로 일하기를 힘쓰라"

(살후 3:10) "우리가 들은즉 너희 가운데 게으르게 행하여 도무지 일하지 아니하고 일을 만들기만 하는 자들이 있다 하니 이런 자들에게 우리가 명하고 주 예수 그리스도 안에서 권하기를 조용히 일하여 자기 양식을 먹으라 하노라"

(레 19:18) "원수를 갚지 말며 동포를 원망하지 말며 네 이웃 사랑하기를 네 자신과 같이 사랑하라 나는 여호와이니라"

(출 20:17) "네 이웃의 집을 탐내지 말라 네 이웃의 아내나 그의 남종이나 그의 여종이나 그의 소나 그의 나귀나 무릇 네 이웃의 소유를 탐내지 말라"

(창 3:6) "여자가 그 나무를 본즉 먹음직도 하고 보암직도 하고 지혜롭게 할 만큼 탐스럽기도 한 나무인지라 여자가 그 열매를 따먹고 자기와 함께 있는 남편에게도 주매 그도 먹은지라"

(눅 12:15) "그들에게 이르시되 삼가 모든 탐심을 물리치라 사람의 생명이 그 소유의 넉넉한 데 있지 아니하니라 하시고"

Ⅲ

교리문답

Ⅲ. 교리문답

1. 하나님

문1. 하나님을 이해한다는 것은 무슨 뜻입니까?

답 : 인간은 하나님께서 자신을 계시하므로 그분을 알 수 있습니다.

문2. 하나님이 자신을 나타내시는 방법은 무엇입니까?

답 : 만물 가운데 자신을 나타내시며, 역사 안에서 지금도 활동하십니다(골 1:16-17).

문3. 하나님은 어떻게 존재하십니까?

답 : 세상 모든 곳에 계시며(시 139:8; 렘 23:24), 공간과 시간을 초월하여 계십니다(사 55:8-9).

문4. 삼위일체란 무엇입니까?

답 : 성부, 성자, 성령을 말하며, 삼위는 본질상 하나이며 같은 하나님이라는 뜻입니다. 동시에 신비로운 일체성을 가지신 영원한 분입니다.

문5. 삼위 하나님은 어떤 일을 하셨습니까?

답 : 세계를 창조하실 때(창 1:26), 예수께서 세례 받으실 때(마 3:13-17), 기적을 행하실 때(행 10:38) 함께 계셨고, 새 창조의 일을

완성하실 때(계 21:1-2) 함께 계실 것입니다.

문6. 삼위일체 하나님에 관한 가르침은 무엇을 가르쳐준다고 생각합니까?

답 : 이상적인 교회와 사회의 모습, 그리고 장차 완성될 완전한 하나님 나라의 모습을 생각할 수 있게 합니다.

문7. 하나님의 '자존성(self-existence)' 이라는 말은 무슨 뜻입니까?

답 : 하나님은 스스로 존재하신다는 뜻입니다(출 3:14).

문8. 하나님의 '불변성(immutability)' 이라는 말은 무슨 뜻입니까?

답 : 하나님은 언제나 변함없으시다는 뜻입니다(히 1:12).

성경구절

(골 1:16-17) "만물이 그에게서 창조되되 하늘과 땅에서 보이는 것들과 보이지 않는 것들과 혹은 왕권들이나 주권들이나 통치자들이나 권세들이나 만물이 다 그로 말미암고 그를 위하여 창조되었고 또한 그가 만물보다 먼저 계시고 만물이 그 안에 함께 섰느니라"

(시 139:8) "내가 하늘에 올라갈지라도 거기 계시며 스올에 내 자리를 펼지라도 거기 계시니이다"

(렘 23:24) "여호와의 말씀이니라 사람이 내게 보이지 아니하려고 누가 자신을 은밀한 곳에 숨길 수 있겠느냐 여호와가 말하노라 나는 천지에 충만하지 아니하냐"

(사 55:8-9) "이는 내 생각이 너희의 생각과 다르며 내 길은 너희의 길과 다름이니라 여호와의 말씀이니라 이는 하늘이 땅보다 높음 같이 내 길은 너희의 길보다 높으며 내 생각은 너희의 생각보다 높음이니라"

(창 1:26) "하나님이 이르시되 우리의 형상을 따라 우리의 모양대로 우리가 사람

을 만들고 그들로 바다의 물고기와 하늘의 새와 가축과 온 땅과 땅에 기는 모든 것을 다스리게 하자 하시고"

(마 3:13-17) "이 때에 예수께서 갈릴리로부터 요단 강에 이르러 요한에게 세례를 받으려 하시니 요한이 말려 이르되 내가 당신에게서 세례를 받아야 할 터인데 당신이 내게로 오시나이까 예수께서 대답하여 이르시되 이제 허락하라 우리가 이와 같이 하여 모든 의를 이루는 것이 합당하니라 하시니 이에 요한이 허락하는지라 예수께서 세례를 받으시고 곧 물에서 올라오실새 하늘이 열리고 하나님의 성령이 비둘기 같이 내려 자기 위에 임하심을 보시더니 하늘로부터 소리가 있어 말씀하시되 이는 내 사랑하는 아들이요 내 기뻐하는 자라 하시니라"

(행 10:38) "하나님이 나사렛 예수에게 성령과 능력을 기름 붓듯 하셨으매 그가 두루 다니시며 선한 일을 행하시고 마귀에게 눌린 모든 사람을 고치셨으니 이는 하나님이 함께 하셨음이라"

(계 21:1-2) "또 내가 새 하늘과 새 땅을 보니 처음 하늘과 처음 땅이 없어졌고 바다도 다시 있지 않더라 또 내가 보매 거룩한 성 새 예루살렘이 하나님께로부터 하늘에서 내려오니 그 준비한 것이 신부가 남편을 위하여 단장한 것 같더라"

(출 3:14) "하나님이 모세에게 이르시되 나는 스스로 있는 자이니라 또 이르시되 너는 이스라엘 자손에게 이같이 이르기를 스스로 있는 자가 나를 너희에게 보내셨다 하라"

(히 1:12) "의복처럼 갈아입을 것이요 그것들은 옷과 같이 변할 것이나 주는 여전하여 연대가 다함이 없으리라 하였으나"

문 9. 하나님의 '영원성(eternity)'은 무슨 뜻입니다.

답 : 하나님은 시간적 제한으로부터 자유로운 분이라는 뜻입니다(시 90:2).

문10. 하나님의 '편재성(omnipresence)'이라는 말은 무슨 뜻입니까?

답 : 하나님은 모든 시공간에 계시며, 동시에 시공간을 초월하신다는 뜻입니다(렘 23:23).

문11. 하나님의 '영적 속성(spiritual attribution)'에 대하여 간략하게 말하십시오.

답 : 하나님은 비물질적이심과 동시에 물질적인 것에 대하여 제한받지 않으시며, 우리와의 인격적 교제를 원하십니다(요 4:24).

문12. 하나님의 '전지적 속성(omniscience)' 에 대하여 간략하게 말하십시오.

답 : 하나님은 모든 것의 근원이시며, 영원한 지식 그 자체이십니다(대하 6:30).

문13. 하나님의 '전능적 속성(omnipotence)' 에 대하여 간략하게 말하십시오.

답 : 하나님께는 무엇이든지 불가능한 것이 없다는 뜻이며, 스스로 정하신 정의[14]로 세상을 다스리는 분입니다(창 17:1; 28:3; 48:3).

---

14) 하나님의 정의(justice)란, 다른 말로 하나님의 의(righteousness)라는 말이다. 정의라는 말은 외적이며 법적인 의미로 사용되는 경향이 있고, 의라는 말은 하나님의 내적 자질 정도로 이해할 수 있다. 성경은 하나님의 정의로우심과 그를 섬기는 사람들에게 정의를 요구하시지만, 그분의 정의의 기준이 우리의 기준과 반드시 일치하지 않는다. 따라서 하나님이 잘못된 행동을 다스리는 방식이 인간의 정의와 다를지라도 인간이 정의롭다고 생각하는 것과 종종 다르게 나타나는 것은 그것 때문이다. 결과적으로 하나님의 주권이 손상되지 않는 방식으로서의 정의일 수 있다.

문14. 하나님의 도덕적 속성 3가지를 말하십시오.

답 : 성결(레 11:45; 벧전 1:16), 선하심(막 10:18), 정의로우심(신 32:4; 사 5:16; 시 111: 7-8)입니다.

성경구절

(시 90:2) "산이 생기기 전, 땅과 세계도 주께서 조성하시기 전 곧 영원부터 영원까지 주는 하나님이시니이다"

(렘 23:23) "여호와의 말씀이니라 나는 가까운 데에 있는 하나님이요 먼 데에 있는 하나님은 아니냐"

(요 4:24) "하나님은 영이시니 예배하는 자가 영과 진리로 예배할지니라"

(대하 6:30) "주는 계신 곳 하늘에서 들으시며 사유하시되 각 사람의 마음을 아시오니 그의 모든 행위대로 갚으시옵소서 주만 홀로 사람의 마음을 아심이니이다"

(창 17:1) "아브람이 구십구 세 때에 여호와께서 아브람에게 나타나서 그에게 이르시되 나는 전능한 하나님이라 너는 내 앞에서 행하여 완전하라"

(창 28:3) "전능하신 하나님이 네게 복을 주시어 네가 생육하고 번성하게 하여 네가 여러 족속을 이루게 하시고"

(창48:3) "요셉에게 이르되 이전에 가나안 땅 루스에서 전능하신 하나님이 내게 나타나사 복을 주시며"

2. 예수

문1. 예수 그리스도는 누구입니까?

답 : 1) 태초부터 하나님과 함께 계셨던 창조주 하나님이십니다 (요 1:1-3).

2) 하나님의 아들이시며 복음이십니다(막 1:1).

3) 아브라함과 다윗의 자손이십니다(마 1:1).

4) 우리를 죄에서 구원할 분이십니다(마 1:21).

문2. 기독교 신앙의 중심은 무엇입니까?

답 : 예수님께서 하나님의 아들이시며 우리 주 그리스도이심을 믿는 것입니다(마 16:16; 행 2:36; 롬 1:4).[15]

문3. 예수 그리스도는 어떻게 잉태되었습니까?

답 : 성령으로 동정녀 마리아의 몸을 통해 잉태되고 탄생하셨습니다(마 1:18–25).

성경구절

(요 1:1–3) "태초에 말씀이 계시니라 이 말씀이 하나님과 함께 계셨으니 이 말씀은 곧 하나님이시니라 그가 태초에 하나님과 함께 계셨고 만물이 그로 말미암아 지은바 되었으니 그가 없이는 된 것이 없느니라"

(막 1:1) "하나님의 아들 예수 그리스도의 복음의 시작이라"

(마 1:1) "아브라함과 다윗의 자손 예수 그리스도의 계보라"

(마 1:21) "아들을 낳으리니 이름을 예수라 하라 이는 그가 자기 백성을 그들의 죄에서 구원할 자이심이라 하니라"

(마 16:16) "시몬 베드로가 이르되 주는 그리스도시오 살아 계신 하나님의 아들이시니이다"

---

15) '하나님의 아들'과 '그리스도'는 구약성경에 근거한 하나님과 관계된 호칭이며 '우리 주'와 '예수'는 신앙인들과 관계된 호칭으로 구분된다. 초기교회는 예수님을 구약성경에서 말하는 종말론적 구원자로 믿었다. 따라서 교회와 성도들은 예수님을 '주(퀴리오스)'와 '구원자(메시아)'로 믿었으며, 당시 유일한 '군주'였던 로마 황제에게 붙여진 호칭을 오직 예수 그리스도를 위하여 사용했다. 그것은 오직 예수만이 하나님의 아들이며 그리스도라는 뜻이었다(마 1:21; 마 16:16).

(행 2:36) "그런즉 이스라엘은 확실히 알지니 너희가 십자가에 못 박은 이 예수를 하나님이 주와 그리스도가 되게 하셨느니라 하니라"
(롬 1:3–4) "그의 아들에 관하여 말하면 육신으로는 다윗의 혈통에서 나셨고 성결의 영으로는 죽은 자들 가운데서 부활하사 능력으로 하나님의 아들로 선포되셨으니 곧 우리 주 예수 그리스도시니라"
(마 1:18) "예수 그리스도의 나심은 이러하니라 그의 어머니 마리아가 요셉과 약혼하고 동거하기 전에 성령으로 잉태된 것이 나타났더니"

문4. 예수 그리스도의 두 성품은 무엇입니까?

답 : 참 하나님이며(요 1:1) 참 사람이십니다(요 1:14).

문5. 인성을 가진 예수님이 우리와 다른 점은 무엇입니까?

답 : 성령으로 동정녀의 몸에서 태어나셨으나 죄는 없으십니다(히 4:15; 요일 3:5).

문6. 구약에 근거한 예수 그리스도의 3대 직분은 무엇입니까?

답 : 1) 제사장(히 7:24)
2) 왕(마 2:2; 눅 19:38; 요 12:13; 계 19:16)
3) 선지자(신 18:15; 마 21:11; 21:46; 눅 7:16; 요 6:14)

문7. 예수 그리스도께서 제사장 직분을 나타내는 일은 무엇입니까?

답 : 영원한 대제사장으로 우리 죄를 위해 단번에 자기 몸을 화목제물로 드리셨고(히 2:17; 9:14, 28), 지금도 살아계셔서 우리를 위해 중보하십니다(히 7:25).

성경구절

(요 1:1) "태초에 말씀이 계시니라 이 말씀이 하나님과 함께 계셨으니 이 말씀은 곧 하나님이시니라."

(요 1:14) "말씀이 육신이 되어 우리 가운데 거하시매 우리가 그의 영광을 보니 아버지의 독생자의 영광이요 은혜와 진리가 충만하더라."

(히 4:15) "우리에게 있는 대제사장은 우리의 연약함을 동정하지 못하실 이가 아니요 모든 일에 우리와 똑같이 시험을 받으신 이로되 죄는 없으시니라."

(요일 3:5) "그가 우리 죄를 없애려고 나타나신 것을 너희가 아나니 그에게는 죄가 없느니라"

(히 7:24) "예수는 영원히 계시므로 그 제사장 직분도 갈리지 아니하느니라."

(마 2:2) "유대인의 왕으로 나신 이가 어디 계시냐 우리가 동방에서 그의 별을 보고 그에게 경배하러 왔노라 하니"

(눅 19:38) "이르되 찬송하리로다 주의 이름으로 오시는 왕이여 하늘에는 평화요 가장 높은 곳에서는 영광이로다하니"

(계 19:16) "그 옷과 그 다리에 이름을 쓴 것이 있으니 만왕의 왕이요 만주의 주라 하였더라."

(신 18:15) "네 하나님 여호와께서 너희 가운데 네 형제 중에서 너를 위하여 나와 같은 선지자 하나를 일으키시리니 너희는 그의 말을 들을지니라."

(요 6:14) "그 사람들이 예수께서 행하신 이 표적을 보고 말하되 이는 참으로 세상에 오실 그 선지자라 하더라."

(히 2:17) "그러므로 그가 범사에 형재들과 같이 되심이 마땅하도다 이는 하나님의 일에 자비하고 신실한 대제사장이 되어 백성의 죄를 속량하려 하심이라."

(히 7:25) "그러므로 자기를 힘입어 하나님께 나아가는 자들을 온전히 구원하실 수 있으니 이는 그가 항상 살아 계셔서 그들을 위하여 간구하심이라."

문8. 예수 그리스도의 왕의 직분과 관련된 사역은 무엇입니까?

답 : 1) 세상의 왕과는 다르게 여호와 경외하기를 배우며 성경(율법서)을 읽고 규례를 지켜 행하라는 말씀(신 17:19)에 충실하셨습니다.

2) 시험을 이기시고(마 4:1–11), 성경을 읽으시며(눅 4:16–19), 죽기까지 순종하셨습니다(빌 2:5–11).

3) 재림 주로 오셔서 심판하십니다(마 25:31–32; 요 5:27; 행 10:42; 딤후 4:1).

문9. 예수 그리스도의 선지자적 직분을 어떻게 행하십니까?

답 : 1) 사람들이 그의 행하시는 일을 보고 예수님을 선지자라 불렀습니다(신 18:15; 마 21:11; 눅 24:19).

2) 하나님의 말씀을 가르치셨습니다(요 5:19; 7:16; 8:28).

3) 선지자들과 같이 사람들에게 버림받고 죽으셨습니다(눅 13:33).

성경구절

(신 17:19) "그가 왕위에 오르거든 이 율법서의… 평생에 자기 옆에 두고 읽어 그의 하나님 여호와 경외하기를 배우며 이 율법의 모든 말과 이 규례를 지켜 행할 것이라"

(마 4:1,11) "그때에 예수께서 성령에게 이끌리어 마귀에게 시험을 받으러 광야로…… 이에 마귀는 예수를 떠나고 천사들이 나아와서 수종드니라"

(빌 2:8) "사람의 모양으로 나타나사 자기를 낮추시고 죽기까지 복종하셨으니 곧 십자가에 죽으심이라"

(마 25:31) "인자가 자기 영광으로 모든 천사와 함께 올 때에 자기 영광의 보좌에 앉으리니 모든 민족을 그 앞에 모으고 각각 구분하기를..."

(딤후 4:1) “하나님 앞과 살아 있는 자와 죽은 자를 심판하실 그리스도 예수 앞에서 그가 나타나실 것과 그의 나라를 두고 엄히 명하노니”

(마 21:11) “무리가 이르되 갈리리 나사렛에서 나온 선지자 예수라 하니라”

(눅 24:19) “이르시되 무슨 일이냐 이르되 나사렛 예수의 일이니 그는 하나님과 모든 백성 앞에서 말과 일에 능하신 선지자이거늘”

(요 5:19) “그러므로 예수께서 그들에게 이르시되 내가 진실로 진실로 너희에게 이르노니 아들이 아버지께서 하시는 일을 보지 않고는 아무것도 스스로 할 수 없나니 아버지께서 행하시는 그것을 아들도 그와 같이 행하느니라”

(요 7:16) “예수께서 대답하여 이르시되 내 교훈은 내 것이 아니요 나를 보내신 이의 것이니라”

(눅 13:33) “그러나 오늘과 내일과 모레는 내가 갈 길을 가야 하리니 선지자가 예루살렘 밖에서는 죽는 법이 없느니라”

문10. 예수께서 전하시고 가르치신 복음의 핵심은 무엇입니까?

답 : 하나님나라입니다(마 4:23; 9:35; 막 4:11; 눅 9:11; 행 1:3).

문11. 예수께서 이 땅에 오신 목적은 무엇입니까?

답 : 예수님은 섬기려하고 자기 목숨을 많은 사람의 대속물로 주기 위해서 오셨습니다(막 10:45).

문12. 예수 그리스도는 구원을 어떻게 완성하셨습니까?

답 : 1) 성육신하시고(요 1:14)

2) 3년 동안 하나님나라의 복음을 전하시고(눅 3:23)

3) 하나님께 순종하시고(눅 22:42)

4) 십자가에 죽으시고(눅 23:46)

5) 3일 만에 부활하시고(눅 24:7)

6) 승천하심(행 1:11)으로 완성하셨습니다.

성경구절

(마 4:23) "예수께서 온 갈릴리에 두루 다니사 그들의 회당에서 가르치시며 천국 복음(그 나라의 복음)을 전파하시며 백성 중의 모든 병과 모든 약한 것을 고치시니"

(막 4:11) "이르시되 하나님 나라의 비밀을 너희에게는 주었으나 외인에게는 모든 것을 비유로 하나니"

(눅 9:11) "무리가 알고 따라왔거늘 예수께서 그들을 영접하사 하나님 나라의 일을 이야기하시며 병 고칠 자들은 고치시더라."

(행 1:3) "그가 고난 받으신 후에 또한 그들에게 확실한 많은 증거로 친히 살아계심을 나타내사 사십 일 동안 그들에게 보이시며 하나님 나라의 일을 말씀하시니라."

(막 10:45) "인자가 온 것은 섬김을 받으려 함이 아니라 도리어 섬기려 하고 자기 목숨을 많은 사람의 대속물로 주려 함이니라."

(요 1:14) "말씀이 육신이 되어 우리가운데 거하시매 우리가 그의 영광을 보니 아버지의 독생자의 영광이요 은혜와 진리가 충만하더라."

(눅 22:42) "이르시되 아버지여 만일 아버지의 뜻이거든 이 잔을 내게서 옮기시옵소서 그러나 내원대로 마시옵고 아버지의 원대로 되기를 원하나이다 하시니"

(눅 23:46) "예수께서 큰 소리로 불러 이르시되 아버지 내 영혼을 아버지 손에 부탁하나이다 하고 이 말씀을 하신 후 숨지시니라."

(눅 24:7) "이르시기를 인자가 죄인의 손에 넘겨져 십자가에 못 박히고 제삼일에 다시 살아나야 하리라 하셨느니라."

(행 1:11) "이르되 갈릴리 사람들아 어찌하여 서서 하늘을 쳐다보느냐 너희 가운데서 하늘로 올려지신 이 예수는 하늘로 가심을 본 그대로 오시리라 하였느니라."

문13. 예수의 순종의 방법과 그 결과는 무엇입니까?

답 : 자기를 낮추시고 죽기까지 복종(빌 2:8)하시므로 하나님께서 부활시키시고(행 3:15) 지극히 높이셨습니다(빌 2:9).

문14. 우리는 어떻게 구원을 받습니까?

답 : 1) 하나님의 독생자 예수 그리스도를 믿음으로(요 3:16-18).
2) 예수님이 우리의 주이심을 믿을 때(행 16:31).
3) 하나님께서 예수를 죽은 자 가운데서 살리신 것을 마음에 믿을 때(롬 10:9) 구원받습니다.

문15. 예수를 믿는다는 것은 무엇을 의미합니까?

답 : 1) 예수님과 함께 죽고, 함께 부활하여 새 생명으로 살아가는 것입니다(롬 6:4; 갈 2:20).
2) 예수님은 하나님의 아들이심과 나의 왕이심을 믿고 영접하며 순종하는 삶을 살아가는 것입니다(요 1:12).
3) 현실의 유혹과 시험 앞에서도 말씀과 기도로 거룩한 삶을 살아가는 것을 말합니다(레 11:44; 딤 4:5).

문16. 예수를 믿고 구원받은 성도들은 어떻게 살아야 합니까?

답 : 예수님을 본받아 삶의 자리에서 자기를 부인하고, 자기 십자가를 지고, 예수님을 따르는 제자의 삶을 살아야 합니다(마 16:24).

문17. 예수께서 승천하시기 전 제자들에게 주신 마지막 사명은 무엇입니까?

답 : 오직 성령을 받아 땅 끝까지 예수님의 증인이 되라 말씀하셨습니다(행 1:8).

성경구절

(빌 2:8-9) "사람의 모양으로 나타나사 자기를 낮추시고 죽기까지 복종하셨으니 곧 십자가에 죽으심이라 이러므로 하나님이 그를 지극히 높여 모든 이름 위에 뛰어난 이름을 주사"

(요 3:16-18) "하나님이 세상을 이처럼 사랑하사 독생자를 주셨으니 이는 그를 믿는 자마다 멸망하지 않고 영생을 얻게 하려 하심이라 하나님이 그 아들을 세상에 보내신 것은 세상을 심판하려 하심이 아니요 그로 말미암아 세상이 구원을 받게 하려 하심이라 그를 믿는 자는 심판을 받지 아니하는 것이요 믿지 아니하는 자는 하나님의 독생자의 이름을 믿지 아니하므로 벌써 심판을 받은 것이니라."

(행 16:31) "이르되 주 예수를 믿으라 그리하면 너와 네 집이 구원을 받으리라"

(롬 10:9) "네가 만일 네 입으로 예수를 주로 시인하며 또 하나님께서 그를 죽은 자 가운데서 살리신 것을 네 마음에 믿으면 구원을 받으리라."

(롬 6:4) "그러므로 우리가 그의 죽으심과 합하여 세례를 받음으로 그와 함께 장사되었나니 이는 아버지의 영광으로 말미암아 그리스도를 죽은 가운데서 살리심과 같이 우리로 또한 새 생명 가운데서 행하게 하려 함이라."

(갈 2:20) "내가 그리스도와 함께 십자가에 못 박혔나니 그런즉 이제는 내가 산 것이 아니요 오직 내 안에 그리스도께서 사시는 것이라 이제 내가 육체 가운데 사는 것은 나를 사랑하사 나를 위하여 자기 자신을 버리신 하나님의 아들을 믿는 믿음 안에서 사는 것이라."

(요 1:12) "영접하는 자 곧 그 이름을 믿는 자들에게는 하나님의 자녀가 되는 권세를 주셨으니"

(레 11:45) "나는 너희의 하나님이 되려고 너희를 애굽 땅에서 인도하여 낸 여호와라 내가 거룩하니 너희도 거룩할지어다."

(딤전 4:5) "하나님의 말씀과 기도로 거룩하여짐이라."

(마 16:24) "이에 예수께서 제자들에게 이르시되 누구든지 나를 따라오려거든 자기를 부인하고 자기 십자가를 지고 나를 따를 것이니라."

(행 1:8) "오직 성령이 너희에게 임하시면 너희가 권능을 받고 예루살렘과 온 유대와 사마리아와 땅 끝까지 이르러 내 증인이 되리라 하시니라."

3. 성령

성령은 성부와 성자로부터 나오신 영이십니다(요 15:26; 행 2:33). 그 본체와 능력의 위엄과 영광이 성부와 성자로 더불어 동일하시며 영원하신 하나님이십니다. 성령은 삼위일체의 하나님의 뜻을 실행하시며(롬 8:27; 고전 2:10), 보내심을 받아 세상에 오셔서(요 16:7; 계 5:6), 죄에 대하여, 의에 대하여 심판에 대하여 세상을 책망하시며(요 16:8), 보혜사로서 신자를 가르치시며 인도하십니다(요 14:26). 또한 성령은 우리에게 능력을 주시고 영혼을 강건하게 하시며 교회를 거룩하게 하십니다(헌장 2장 2절 '성령' 참조).

문1. 성령[16]은 어떤 분입니까?

답 : 삼위 중 한분이시며 '하나님의 영' 이라고도 합니다(사 61:1; 마 10:20). 또한 '그리스도의 영' (롬 8:9; 벧전 1:11)이라고도 하며, 성령이라고 부르기도 합니다(행 1:8).

성경구절

(요 15:26) "내가 아버지께로부터 너희에게 보낼 보혜사 곧 아버지께로부터 나오시는 진리의 성령이 오실 때에 그가 나를 증언하실 것이요."

(행 2:33) "하나님이 오른손으로 예수를 높이시매 그가 약속하신 성령을 아버지께 받아서 너희가 보고 듣는 이것을 부어 주셨느니라."

16) 히브리어 '루아흐'는 '숨, 바람' 또는 '영'으로 번역된다. 성삼위 중 한 분이시며 하나님의 영이라고도 한다(사 61:1; 마 10:20). 신약에서의 성령이라는 명칭은 100회 정도 나오며 누가복음과 사도행전에서 절반 이상의 횟수가 기록 되어 있다. '보혜사' 라고도 하는 성령은 헬라어 '파라클레토스' 라고 한다. 그 의미는 대언자, 변호사, 중재자, 협조자, 대변자라는 뜻이며, 헬라어 파라클레토스의 한자 음역으로 번역되었다. 요한복음 14:16-17에 예수께서 또 다른 보혜사를 언급하며 처음 등장했다.

성경구절

(롬 8:27) "마음을 살피시는 이가 성령의 생각을 아시나니 이는 성령이 하나님의 뜻대로 성도를 위하여 간구하심이니라."

(고전 2:10) "오직 하나님이 성령으로 이것을 우리에게 보이셨으니 성령은 모든 것 곧 하나님의 깊은 것까지도 통달하시느니라."

(요 16:7) "그러나 내가 너희에게 실상을 말하노니 내가 떠나가는 것이 너희에게 유익이라 내가 떠나가지 아니하면 보혜사가 너희에게로 오시지 아니할 것이요 가면 내가 그를 너희에게로 보내리니"

(계 5:6) "내가 또 보니 보좌와 네 생물과 장로들 사이에 한 어린 양이 서있는데 일찍이 죽임을 당한 것 같더라 그에게 일곱 뿔과 일곱 눈이 있으니 이 눈들은 온 땅에 보내심을 받은 하나님의 일곱 영이더라."

(요 16:8) "그가 와서 죄에 대하여, 의에 대하여, 심판에 대하여 세상을 책망하시리라."

(요 14:26) "보혜사 곧 아버지께서 내 이름으로 보내실 성령 그가 너희에게 모든 것을 가르치고 내가 너희에게 말한 모든 것을 생각나게 하리라."

(사 61:1) "주 여호와의 영이 내게 내리셨으니 이는 여호와께서 내게 기름을 부으사 가난한 자에게 아름다운 소식을 전하게 하려 하심이라 나를 보내사 마음이 상한 자를 고치며 포로된 자에게 자유를, 갇힌 자에게 놓임을 선포하며"

(마 10:20) "말하는 이는 너희가 아니라 너희 속에서 말씀하시는 이 곧 너희 아버지의 성령이시니라."

(롬 8:9) "만일 너희 속에 하나님의 영이 거하시면 너희가 육신에 있지 아니하고 영에 있나니 누구든지 그리스도의 영이 없으면 그리스도의 사람이 아니라."

(벧전 1:11) "자기 속에 계신 그리스도의 영이 그 받으실 고난과 후에 받으실 영광을 미리 증언하여 누구를 또는 어떠한 때를 지시하시는지 상고하니라."

(행 1:8) "오직 성령이 너희에게 임하시면 너희가 권능을 받고 예루살렘과 온 유대와 사마리아와 땅 끝까지 이르러 내 증인이 되리라 하시니라."

문2. 성령의 사역은 무엇입니까?

답 : 1) 죄인을 순결하게 합니다(고전 6:11).

2) 하나님의 형상으로 새롭게 합니다(고전 3:16).

3) 선행을 할 수 있도록 능력을 베풀어 줍니다(갈 5:25; 살전 5:23).

문3. 성령 충만을 받는 비결은 무엇입니까?

답 : 1) 기도에 힘써야 합니다(행 2:1-4).

2) 말씀을 들어야 합니다(행 11:44).

3) 회개하고 세례 받아야 합니다(행 2:38).

성경구절

(고전 6:11) "너희 중에 이와 같은 자들이 있더니 주 예수 그리스도의 이름과 우리 하나님의 성령 안에서 씻음과 거룩함과 의롭다 하심을 받았느니라."

(고전 3:16) "너희는 너희가 하나님의 성전인 것과 하나님의 성령이 너희 안에 계시는 것을 알지 못하느냐"

(갈 5:25) "만일 우리가 성령으로 살면 또한 성령으로 행할지니"

(살전 5:23) "평강의 하나님이 친히 너희를 온전히 거룩하게 하시고 또 너희의 온 영과 혼과 몸이 우리 주 예수 그리스도께서 강림하실 때에 흠 없게 보전되기를 원하노라."

(행 2:1-4) "오순절 날이 이미 이르매 그들이 다같이 한 곳에 모였더니 ... 그들이다 성령의 충만함을 받고 성령이 말하게 하심을 따라 다른 언어들로 말하기를 시작하니라."

(행 11:44) "베드로가 이 말을 할 때에 성령이 말씀 듣는 모든 사람에게 내려오시니"

(행 2:38) "베드로가 이르되 너희가 회개하여 각각 예수 그리스도의 이름으로 세례를 받고 죄 사함을 받으라 그리하면 성령의 선물을 받으리니"

문4. 성령 충만은 무엇입니까?

답 : 1) 성령 충만은 성령 세례와 구분되며. 성도가 항상 구하여야 할 은혜입니다.

2) 성도는 성령 충만을 항상 유지해야 하며 이것을 위하여 기도해야 합니다.

3) 성령 충만은 성령께서 성도를 전인격적으로 주관하시는 상태이며 감화와 감동을 주시므로(행7:55) 하나님의 온전한 인도하심을 받을 수 있습니다(행2:4).

4) 성령충만은 곧 예수 그리스도의 충만이며 성도를 가장 온전하고 복되게 하는 신앙적 능력입니다(행13:9-10).

5) 성령으로 충만한 신자는 그의 삶이 옛 본성에 돌아가는 것을 방지하고 오직 하나님의 뜻으로 온전하게 살아가도록 합니다(엡5:18).

문5. 성령을 받은 증거는 무엇입니까?

답 : 1) 자신이 죄인임을 깨닫습니다(눅 5:8; 요 16:8).

2) 예수님을 나의 주님으로 고백합니다(고전 12:3).

3) 하나님을 아버지라 부릅니다(롬 8:15).

4) 신령한 영적 분별력을 가집니다(고전 2:12-14).

문6. 성령의 열매는 어떤 것이 있습니까?

답 : 사랑, 희락, 화평, 오래참음, 자비, 양선, 충성, 온유, 절제(갈 5:22-23)등 입니다.

성경구절

(요 3:5) "예수께서 대답하시되 진실로 진실로 네게 이르노니 사람이 물과 성령으로 나지 아니하면 하나님의 나라에 들어갈 수 없느니라."

(딛 3:5) "우리를 구원하시되 우리가 행한 바 의로운 행위로 말미암지 아니하고 오직 그의 긍휼하심을 따라 중생의 씻음과 성령의 새롭게 하심으로 하셨나니"

(행 4:31) "빌기를 다하매 모인 곳이 진동하더니 무리가 다 성령이 충만하여 담대히 하나님의 말씀을 전하니라."

(행 7:55) "스데반이 성령 충만하여 하늘을 우러러 주목하여 하나님의 영광과 및 예수께서 하나님 우편에 서신 것을 보고"

(행 2:4) "그들이 다 성령의 충만함을 받고 성령이 말하게 하심을 따라 다른 언어들로 말하기를 시작하니라"

(행 13:9–10) "바울이라고 하는 사울이 성령이 충만하여 그를 주목하고 이르되 모든 거짓과 악행이 가득한 자요 마귀의 자식이요 모든 의의 원수여 주의 바른 길을 굽게 하기를 그치지 아니하겠느냐"

(엡 5:18) "술 취하지 말라 이는 방탕한 것이니 오직 성령으로 충만함을 받으라"

(눅 5:8) "시몬 베드로가 이를 보고 예수의 무릎 아래에 엎드려 이르되 주여 나를 떠나소서 나는 죄인이로소이다 하니"

(요 16:8) "그가 와서 죄에 대하여, 의에 대하여, 심판에 대하여 세상을 책망하시리라."

(고전 12:3) "그러므로 내가 너희에게 알리노니 하나님의 영으로 말하는 자는 누구든지 예수를 저주할 자라 하지 아니하고 또 성령으로 아니하고는 누구든지 예수를 주시라 할 수 없느니라."

(롬 8:15) "너희는 다시 무서워하는 종의 영을 받지 아니하고 양자의 영을 받았으므로 우리가 아빠 아버지라고 부르짖느니라."

(고전 2:12–14) "우리가 세상의 영을 받지 아니하고 오직 하나님으로부터 온 영을 받았으니 이는 우리로 하여금 하나님께서 우리에게 은혜로 주신 것들을 알게 하려 하심이라 우리가 이것을 말하거니와 사람의 지혜가 가르친 말로 아니

하고 오직 성령께서 가르치신 것으로 하니 영적인 일은 영적인 것으로 분별하느니라 육에 속한 사람은 하나님의 성령의 일들을 받지 아니하나니 이는 그것들이 그에게는 어리석게 보임이요, 또 그는 그것들을 알 수도 없나니 그러한 일은 영적으로 분별되기 때문이라."

(갈 5:22-23) "오직 성령의 열매는 사랑과 희락과 화평과 오래 참음과 자비와 양선과 충성과 온유와 절제니 이 같은 것을 금지할 법이 없느니라."

문7. 우리는 어떻게 그리스도의 구속에 참여하게 됩니까?

답 : 1) 구속(redemption)이란 인류를 죄악으로부터 건져내기 위하여 예수께서 대가를 지불하시고(엡 1:7) 죄의 종으로 있는 우리들을 해방시키시는 것을 의미합니다. 다른 말로 구원이라고도 말합니다.

2) 이러한 은혜의 자리에 나아기기 위해서는 자신의 죄를 깨닫고 회개하며 예수그리스도를 주라 시인하며 성령의 인도하심으로 구원의 백성이 됩니다(롬 8:1-2).

문8. 성령이 한 사람에게 임할 때 먼저 무엇을 깨닫게 합니까?

답 : 우리의 죄와 그 죄의 결과가 가져오는 비참함을 깨닫게 합니다(행 2:37; 요 16:8).

문9. 성령께서 은혜를 주시는 방법은 무엇입니까?

답 : 1) 말씀(갈 3:2)

2) 성례(행 2:38)

3) 기도(행 4:31; 엡 6:18)입니다.

문10. 성령의 창조사역의 증거는 무엇입니까?

답 : 천지를 창조하실 때 함께 하셨습니다(창 1:2).

성경구절

(엡 1:7) "우리는 그리스도 안에서 그의 은혜의 풍성함을 따라 그의 피로 말미암아 속량 곧 죄 사함을 받았느니라"

(롬 8:1–2) "그러므로 이제 그리스도 예수 안에 있는 자에게는 결코 정죄함이 없나니 이는 그리스도 예수 안에 있는 생명의 성령의 법이 죄와 사망의 법에서 너를 해방하였음이라"

(행 2:37) "그들이 이 말을 듣고 마음에 찔려 베드로와 다른 사도들에게 물어 이르되 형제들아 우리가 어찌할꼬"

(요 16:8) "그가 와서 죄에 대하여, 의에 대하여, 심판에 대하여 세상을 책망하시리라."

(갈 3:2) "내가 너희에게서 다만 이것을 알려 하노니 너희가 성령을 받은 것이 율법의 행위로냐 혹은 듣고 믿음으로냐"

(행 2:38) "베드로가 이르되 너희가 회개하여 각각 예수 그리스도의 이름으로 세례를 받고 죄 사함을 받으라 그리하면 성령의 선물을 받으리니"

(행 4:31) "빌기를 다하매 모인 곳이 진동하더니 무리가 다 성령이 충만하여 담대히 하나님의 말씀을 전하니라."

(엡 6:18) "모든 기도와 간구를 하되 항상 성령 안에서 기도하고 이를 위하여 깨어 구하기를 항상 힘쓰며 여러 성도를 위하여 구하라."

(창 1:2) "땅이 혼돈하고 공허하며 흑암이 깊음 위에 있고 하나님의 영은 수면 위에 운행하시니라."

문11. 성령의 은사[17]는 무엇입니까?

답 : 1) 예수를 믿는 자는 모두 성령의 은사를 받았으며(고전 12:4)
2) 각자에게 주어진 은사는 다르며(벧전 4:10)
3) 받은 은사를 사용하여 교회가 한 몸을 이루는 데 사용되어야 하며(고전 12:12, 25)
4) 은사 중에 가장 으뜸은 사랑입니다(고전 12:31).

문12. 성령은 언제 오셨습니까?

답 : 예수께서 성령을 보내시겠다고 약속한 대로 승천하시고 10일 후 (부활 후 50일)에 강림하셔서 역사하십니다(행 2:1-4).

성경구절

(고전 12:4) "은사는 여러 가지나 성령은 같고"
(벧전 4:10) "각각 은사를 받은 대로 하나님의 여러 가지 은혜를 맡은 선한 청지기같이 서로 봉사하라."
(고전 12:12) "몸은 하나인데 많은 지체가 있고 몸의 지체가 많으나 한 몸임과 같이 그리스도도 그러하니라."
(고전 12:25) "몸 가운데서 분쟁이 없고 오직 여러 지체가 서로 같이 돌보게 하셨느니라."
(고전 12:31) "너희는 더욱 큰 은사를 사모하라 내가 또한 가장 좋은 길을 너희에게 보이리라."

---

17) 신약성경에서는 '카리스'라고도 하며 하나님께서 인간에게 주시는 많은 선물 가운데 특히 성령을 통해서 주시는 것을 지칭할 때 사용한다.

(행 2:1-4) "오순절 날이 이미 이르매 그들이 다같이 한 곳에 모였더니 홀연히 하늘로부터 급하고 강한 바람 같은 소리가 있어 그들이 앉은 온 집에 가득하며 마치 불의 혀처럼 갈라지는 것들이 그들에게 보여 각 사람 위에 하나씩 임하여 있더니 그들이 다 성령의 충만함을 받고 성령이 말하게 하심을 따라 다른 언어들로 말하기를 시작하니라."

4. 사중복음

문1. 성결교회의 근간인 하나님의 예지예정론은 무엇이며, 그와 관련된 성경본문은 어디입니까?

답 : 하나님의 구원은 무조건적으로 예정에 있는 것이 아닌, 하나님의 보편적 은총과 함께 하나님의 아들 예수 그리스도를 믿음으로 구원하시는 것이며, 관련 성경은 로마서 8장 29절입니다.

문2. 하나님의 '선행하는 은총'이란 무엇이며, 그것은 인간의 자유의지와 어떤 관계가 있습니까?

답 : 선행은총이란, 타락한 인간에게 남아 있는 하나님의 보편적 은총의 일부이며, 선한 의지를 성령의 도움을 받아 발휘하게 하시는 하나님의 은총입니다(롬 5:5).

문3. 성결교회의 교리인 사중복음은 무엇입니까?

답 : 중생, 성결, 신유, 재림입니다.

문4. 중생이란 무엇입니까?

답 : 신자가 예수 그리스도를 믿어, 그의 생명이 부여됨으로 죄를 청산하고 하나님의 은혜로 태어나는 영적 출생을 말합니다.

문5. 성경이 말씀하는 '중생'의 뜻은 무엇입니까?

답 : 새 사람(엡 4:22), 새롭게 태어난다(요 3:3; 딛 3:5), 함께 산다(엡 2:5; 골 2:13)는 뜻입니다.

문6. 성결교 교리에서 말하는 중생을 세 가지로 요약하면 무엇입니까?

답 : 첫째, 새로 지음 받는 것이며(고후 5:17), 둘째, 거듭나는 것이며(요3:3), 셋째, 성령의 내주하심입니다(요 14:17).

문7. 성결교회의 두 번째 교리인 성결의 뜻은 무엇입니까?

답 : 성결은 신자가 중생의 은혜를 받은 후에 나타나는 은혜이며, 예수님의 보혈의 공로와 성령세례를 통해 봉사하기에 적합한 능력을 받는 은혜입니다.

문8. 성결이 강조하는 전통적인 뜻을 세 가지로 요약하십시오.

답 : 1) 내면에 남아 있는 악한 죄성과 옛사람을 성령의 불로 정결하게 하는 것입니다.
2) 마음과 영혼이 거룩해지는 것입니다.
3) 아담으로부터 물려받은 죄성으로부터 구원받는 것입니다.

문9. 중생의 은혜와 성결의 은혜의 차이를 설명하십시오.

답 : 중생의 은혜로는 내가 직접 지은 죄(자범죄)로부터 용서받으며, 성결의 은혜로는 아담이 물려준 죄(원죄)로부터 자유로워질 수

있습니다.

문10. 「신유」란 말의 뜻은 무엇입니까?

답 : 1) 하나님의 은혜로운 방법의 치료이지만, 구체적으로는 구원의 은혜로 질병에서 고침 받는 것이며, 정신적이고 영적인 결함으로부터 자유하게 되며, 영혼이 구원받는 것을 포함하는 성경의 가르침입니다.

2) 예수님이 우리 대신 죄의 형벌인 채찍에 맞음으로 우리의 질병이 나음을 믿고 경험하는 것입니다(사 53:5).

3) 하나님의 보호로 강건하게 지내는 것, 병에 들었을 때 예수그리스도의 이름으로 하나님께 기도함으로 치료를 경험하는 것입니다(막 16:17-18).

4) 이것은 신자의 특권이지만 현대의학을 부인하는 것은 아닙니다.

문11. 신유의 은혜와 직접적인 관련이 있는 성경적 사건은 무엇입니까?

답 : 예수 그리스도의 십자가 고난과 죽으심, 그리고 부활입니다.

문12. 신유의 두 종류를 말하고, 그 뜻을 간략하게 설명하십시오.

답 : 1) 하나님의 은혜에 속하는 신유에는 '일반신유' 와 '특별신유' 가 있습니다.

2) '일반신유' 는 구원을 경험한 신자가 경건한 삶을 유지할 때 건강을 유지하는 것이며,

3) '특별신유' 는 하나님의 은혜로 받은 삶을 건강하게 살면서 신자가 경험하는 모든 질병으로부터 치료받는 것입니다.

문13. 재림이라는 말은 무슨 뜻입니까?

답 : 예수 그리스도께서 구원받은 성도들을 맞이하기 위하여 승천한 모습 그대로 다시 오시는 것입니다(행 1:11).

문14. 사도 바울이 말한 재림은 무슨 뜻이며, 재림의 목적은 무엇이라고 말했습니까?

답 : 구원받은 성도를 궁극적인 구원의 자리로 부르시고, 악인을 심판하기 위한 목적 때문에 다시 오신다고 말했습니다(딤후 4:1).

문15. 사도 바울은 그리스도의 재림이 어떻게 나타난다고 말했습니까?

답 : 대적자들에게 갑작스럽게 나타나실 것이라고 말했습니다(살후 1:7-8).

문16. 재림을 상징하는 성경의 표현을 아는 대로 말해보십시오.

답 : 주의 날(사 58:13), 인자의 날(눅 17:26), 그리스도의 날(빌 1:10), 심판의 날(시 110:5), 나타나심(딤전 6:15) 등입니다.

문17. 성경에는 재림의 날짜가 명시되어 있지 않습니다. 성도는 어떻게 그날을 기다려야 합니까?

답 : 경건한 생활 가운데 놀람이나 두려움이 아닌 기쁨으로 맞이할 수 있도록 항상 깨어 준비해야 합니다(살전 5:4).

문18. 예수 그리스도의 재림이 가까이 다가올수록 나타나는 세상의 징조는 무엇입니까?

답 : 거짓 선생들이 많이 나타납니다(마 24:26).

성경구절

(엡 4:22) "너희는 유혹의 욕심을 따라 썩어져 가는 구습을 따르는 옛 사람을 벗어 버리고"

(엡 2:5) "허물로 죽은 우리를 그리스도와 함께 살리셨고 (너희는 은혜로 구원을 받은 것이라)"

(골 2:13) "또 범죄와 육체의 무할례로 죽었던 너희를 하나님이 그와 함께 살리시고 우리의 모든 죄를 사하시고"

(요 3:3) "예수께서 대답하여 이르시되 진실로 진실로 네게 이르노니 사람이 거듭나지 아니하면 하나님의 나라를 볼 수 없느니라"

(딛 3:5) "우리를 구원하시되 우리가 행한 바 의로운 행위로 말미암지 아니하고 오직 그의 긍휼하심을 따라 중생의 씻음과 성령의 새롭게 하심으로 하셨나니"

(고후 5:17) "그런즉 누구든지 그리스도 안에 있으면 새로운 피조물이라 이전 것은 지나갔으니 보라 새 것이 되었도다"

(요3:3) "예수께서 대답하여 이르시되 진실로 진실로 네게 이르노니 사람이 거듭나지 아니하면 하나님의 나라를 볼 수 없느니라"

(요 14:17) "그는 진리의 영이라 세상은 능히 그를 받지 못하나니 이는 그를 보지도 못하고 알지도 못함이라 그러나 너희는 그를 아나니 그는 너희와 함께 거하심이요 또 너희 속에 계시겠음이라"

(사 53:5) "그가 찔림은 우리의 허물 때문이요 그가 상함은 우리의 죄악 때문이라 그가 징계를 받으므로 우리는 평화를 누리고 그가 채찍에 맞으므로 우리는 나음을 받았도다"

(막 16:17-18) "믿는 자들에게는 이런 표적이 따르리니 곧 그들이 내 이름으로 귀신을 쫓아내며 새 방언을 말하며 뱀을 집어올리며 무슨 독을 마실지라도 해를 받지 아니하며 병든 사람에게 손을 얹은즉 나으리라 하시더라"

(행 1:11) "이르되 갈릴리 사람들아 어찌하여 서서 하늘을 쳐다보느냐 너희 가운데서 하늘로 올려지신 이 예수는 하늘로 가심을 본 그대로 오시리라 하였느니라"

(딤후 4:1) "하나님 앞과 살아 있는 자와 죽은 자를 심판하실 그리스도 예수 앞에서 그가 나타나실 것과 그의 나라를 두고 엄히 명하노니"

(살후 1:7-8) "환난을 받는 너희에게는 우리와 함께 안식으로 갚으시는 것이 하나님의 공의시니 주 예수께서 자기의 능력의 천사들과 함께 하늘로부터 불꽃 가운데에 나타나실 때에 하나님을 모르는 자들과 우리 주 예수의 복음에 복종하지 않는 자들에게 형벌을 내리시리니"

(사 58:13) "만일 안식일에 네 발을 금하여 내 성일에 오락을 행하지 아니하고 안식일을 일컬어 즐거운 날이라, 여호와의 성일을 존귀한 날이라 하여 이를 존귀하게 여기고 네 길로 행하지 아니하며 네 오락을 구하지 아니하며 사사로운 말을 하지 아니하면"

(눅 17:26) "노아의 때에 된 것과 같이 인자의 때에도 그러하리라"

(빌 1:10) "너희로 지극히 선한 것을 분별하며 또 진실하여 허물 없이 그리스도의 날까지 이르고"

(시 110:5) "주의 오른쪽에 계신 주께서 그의 노하시는 날에 왕들을 쳐서 깨뜨리실 것이라"

(딤전 6:15) "기약이 이르면 하나님이 그의 나타나심을 보이시리니 하나님은 복되시고 유일하신 주권자이시며 만왕의 왕이시며 만주의 주시오"

(살전 5:4) "형제들아 너희는 어둠에 있지 아니하매 그 날이 도둑 같이 너희에게 임하지 못하리니"

(마 24:26) "그러면 사람들이 너희에게 말하되 보라 그리스도가 광야에 있다 하여도 나가지 말고 보라 골방에 있다 하여도 믿지 말라"

5. 인간의 범죄

문1. 선악과란 무엇입니까?

답 : 선악을 알게 하는 나무의 열매이며, 아담은 그것을 따먹음으로 불순종하게 되어 범죄하였습니다(창 2:17).

문2. 인간 아담이 범죄한 것은 하나님의 명령에 불순종한 것인데, 인간의 측면에서 무엇을 잘못했습니까?

답 : 하나님께 불순종한 자유의지의 남용입니다.

문3. 하나님은 인간에게 왜 자유의지를 주셨습니까?

답 : 자신의 의지로 하나님의 뜻을 따라 살기를 원하셨기 때문입니다.

문4. '포로 된 자유의지'라는 신학적인 용어는 무슨 뜻입니까?

답 : 인간에게 있는 자유의지가 육체의 정욕에 사로잡혀서 오직 자기 중심적인 선택만 하게 된 것을 말합니다.

문5. 일반적인 의미에서 죄란 무엇입니까?

답 : 죄는 하나님의 기준에 미치지 못하거나, 하나님을 떠난 것을 말합니다(롬 3:23).

문6. 구약성경이 말하는 죄의 개념은 무엇입니까?

답 : 하나님께서 정하신 목표를 놓치거나, 벗어나는 것을 말합니다.

문7. 신약성경이 말하는 죄의 개념은 무엇입니까?

답 : 인간의 타락으로 하나님과의 관계가 단절된 것을 말하며, 그 결과 하나님께서 정하신 말씀대로 살지 못하는 인간의 불의한 행위를 말합니다.

문8. 성경이 말하는 죄의 결과는 무엇입니까?

답 : 사망이 모든 사람에게 이르게 되었고(롬 5:21), 영원한 심판을 받게 됩니다(롬 2:6-10; 전 12:5).

성경구절

(창 2:17) "선악을 알게 하는 나무의 열매는 먹지 말라 네가 먹는 날에는 반드시 죽으리라 하시니라"

(롬 3:23) "모든 사람이 죄를 범하였으매 하나님의 영광에 이르지 못하더니"

(롬 5:21) "이는 죄가 사망 안에서 왕 노릇 한 것 같이 은혜도 또한 의로 말미암아 왕 노릇 하여 우리 주 예수 그리스도로 말미암아 영생에 이르게 하려 함이라"

(롬 2:6-10) "하나님께서 각 사람에게 그 행한 대로 보응하시되 참고 선을 행하여 영광과 존귀와 썩지 아니함을 구하는 자에게는 영생으로 하시고 오직 당을 지어 진리를 따르지 아니하고 불의를 따르는 자에게는 진노와 분노로 하시리라 악을 행하는 각 사람의 영에는 환난과 곤고가 있으리니 먼저는 유대인에게요 그리고 헬라인에게며 선을 행하는 각 사람에게는 영광과 존귀와 평강이 있으리니 먼저는 유대인에게요 그리고 헬라인에게라"

(전 12:5) "또한 그런 자들은 높은 곳을 두려워할 것이며 길에서는 놀랄 것이며 살구나무가 꽃이 필 것이며 메뚜기도 짐이 될 것이며 정욕이 그치리니 이는 사람이 자기의 영원한 집으로 돌아가고 조문객들이 거리로 왕래하게 됨이니라"

6. 성경

문1. 성경은 어떤 책입니까?

답 : 살아계신 하나님 말씀은 문자로 기록된 것으로 기독교의 경전 이며 신앙생활의 표준입니다(출 17:14; 24:4; 34:27; 신 30:9; 왕상 2:3; 느 8:14; 사 38:9; 말 4:4; 마 4:4; 눅 24:44; 행 13:29; 고전 15:3-4; 계 1:19).

성경구절

(출 17:14) "여호와께서 모세에게 이르시되 이것을 책에 기록하여 기념하게 하고 여호수아의 귀에 외워 들리라."

(출 24:4) "모세가 여호와의 모든 말씀을 기록하고 이른 아침에 일어나 산 아래에 …"

(출 34:27) "여호와께서 모세에게 이르시되 너는 이 말들을 기록하라."

(신 30:9) "네가 네 하나님 여호와의 말씀을 청종하여 이 율법책에 기록된 그의 명령"

(왕상 2:3) "네 하나님 여호와의 명령을 지켜 그길로 행하여 그 법률과 계명과 율례와 증거를 모세의 율법에 기록된 대로 지키라."

(스 6:18) "제사장은 그 분반대로 레위 사람을 그 순차재로 세워 예루살렘에서 하나님을 섬기게 하되 모세의 책에 기록된 대로 하게 하니라."

(느 8:14) "율법에 기록된 바를 본즉 여호와께서 모세를 통하여 명령하시기를 이스라엘 자손은 일곱째 달 절기에 초막에서 거할지니라 하였고"

(사 38:9) "유다 왕 히스기야가 병들었다가 그의 병이 나은 때에 기록한 글이 이러하니라."

(말 4:4) "너희는 내가 호렙에서 온 이스라엘을 위하여 내 종 모세에게 명령한 법 곧 율례와 법도를 기억하라."

(마 4:4) "예수께서 대답하여 이르시되 기록되었으되 사람이 떡으로만 살 것이 아니요 하나님의 입으로부터 나오는 모든 말씀으로 살 것이라(신 8:3)."

(눅 24:44) "또 이르시되 내가 너희와 함께 있을 때에 너희에게 말한 바 곧 모세의 율법과 선지자의 글과 시편에 나를 가리켜 기록된 모든 것이 이루어져야 하리라…"
(행 13:29) "성경에 그를 가리켜 기록한 말씀을 다 응하게 한 것이라 후에 나무에서 내려다가 무덤에 두었으나"
(고전 15:3-4) "내가 받은 것을 먼저 너희에게 전하였노니 이는 성경대로 그리스도께서 우리 죄를 위하여 죽으시고 장사 지낸 바 되었다가 성경대로 사흘만에 다시 살아나사"
(계 1:3) "이 예언의 말씀을 읽는 자와 듣는 자와 그 가운데에 기록한 것을 지키는 자들은 복이 있나니 때가 가까움이라."
(계 1:19) "그러므로 네가 본 것과 지금 있는 일과 장차 될 일을 기록하라."

문2. 성경은 어떻게 기록되었습니까?

답 : 성령의 감동하심을 받은 40여 명의 저자들에 의해 1600여 년 동안 통일성을 이루어 기록되었습니다(출 34:27; 딤후 3:16; 벧후 1:21; 계 1:19; 21:5).

문3. 성경이 하나님의 말씀이라는 사실을 어떻게 알 수 있습니까?

답 : 성경 자체가 하나님의 말씀임을 확증합니다.[18]
(시 12:6; 19:7-9; 119; 눅 24:27, 32; 요 16:13,14; 20:31; 행 15:15-18; 20:32; 롬 15:4; 요일 2:27)

---

18) 내적 증거로써, 성경 자체의 존엄성과 순수성, 통일성이 이것을 증거한다. 구약성경에 기록된 창조와 구원의 약속이 신약성경에서 성취됨으로 이것을 증거한다. 또한 외적 증거로써, 사람의 마음속에서 성경을 읽을 때 성령이 증거한다.

성경구절

(출 34:27) "여호와께서 모세에게 이르시되 너는 이 말들을 기록하라."

(딤후 3:16) "모든 성경은 하나님의 감동으로 된 것으로 교훈과 책망과 바르게 함과 의로 교육하기에 유익하니"

(벧후 1:21) "예언은 언제든지 사람의 뜻으로 낸 것이 아니요 오직 성령의 감동하심을 받은 사람들이 하나님께 받아 말한 것임이라."

(계 21:5) "보좌에 앉으신 이가 이르시되 보라 내가 만물을 새롭게 하노라 하시고 또 이르시되 이 말은 신실하고 참되니 기록하라 하시고"

(시 12:6) "여호와의 말씀은 순결함이여 흙 도가니에 일곱 번 단련한 은 같도다."

(시 19:7–9) "여호와의 율법은 완전하여 영혼을 소성시키며 여호와의 증거는 확실하여 우둔한 자로 지혜롭게 하며 여호와의 교훈은 정직하여 마음을 기쁘게 하고 여호와의 계명은 순결하여 눈을 밝게 하시도다 여호와를 경외하는 도는 정결하여 영원까지 이르고 여호와의 법도 진실하여 다 의로우니"

(눅 24:27) "이에 모세와 모든 선지자의 글로 시작하여 모든 성경에 쓴 바 자기에 관한 것을 자세히 설명하시니라."

(요 16:13) "그러나 진리의 성령이 오시면 그가 너희를 모든 진리 가운데로 인도하시리니 그가 스스로 말하지 않고 오직 들은 것을 말하며 장래 일을 너희에게 알리시리라."

(요 20:31) "오직 이것을 기록함은 너희로 예수께서 하나님의 아들 그리스도이심을 믿게 하려 함이요 또 너희로 믿고 그 이름을 힘입어 생명을 얻게 하려 함이니라."

(행 15:15–16) "선지자들의 말씀이 이와 일치하도다 기록된바 이 후에 내가 돌아와서 다윗의 무너진 장막을 다시 지으며 또 허물어진 것을 다시 지어 일으키리니"

(행 20:32) "지금 내가 여러분을 주와 및 그 은혜의 말씀에 부탁하노니 그 말씀이 여러분을 능히 든든히 세우사 거룩하게 하심을 입은 모든 자 가운데 기업이 있게 하시리라."

(롬 15:4) "무엇이든지 전에 기록된 바는 우리의 교훈을 위하여 기록된 것이니 우리로 하여금 인내로 또는 성경의 위로로 하여금 소망을 가지게 함이니라."

(요일 2:27) "너희는 주께 받은 바 기름 부음이 너희 안에 거하나니 아무도 너희를 가르칠 필요가 없고 오직 그의 기름 부음이 모든 것을 너희에게 가르치며 또 참되고 거짓이 없으니 너희를 가르치신 그대로 주 안에 거하라."

문 4. 기록된 성경이 나타내려고 하는 것(증거)은 무엇입니까?

답 : 세상을 향한 하나님 사랑을 증거하고 있습니다.[19]

문 5. 성경이 말씀하고 있는 하나님은 어떤 분이십니까?

답 : 창조주(창 1:1), 복 주시는 분(창 1:28), 생명의 주관자(창 2:17), 심판주와(창 3:14-19) 구원의 주(창 6:18-20)이십니다.

성경구절

(창 1:1) "태초에 하나님이 천지를 창조하시니라."

(창 1:26) "하나님이 이르시되 우리의 형상을 따라 우리의 모양대로 우리가 사람을 만들고 그들로 바다의 물고기와 하늘의 새와 가축과 온 땅과 땅에 기는 모든 것을 다스리게 하자 하시고"

---

19) 첫째, 하나님은 어떤 분이신지 성경을 통해 알 수 있다(창 1-2; 요 3:16; 엡 1:17-19). 둘째, 개인과 온 인류의 부족함과 죄, 악함을 알 수 있습니다(창 3:6; 6:5; 11:4; 요 1:9-11). 셋째, 하나님과 인류의 유기적 관계를 언약(covenant)의 발전과정을 통해 알 수 있다. 넷째, 언약으로는 창조(아담) 언약(창1-2), 노아 언약(창9), 아브라함 언약(창12), 시내산 언약(출 19-24), 다윗 언약(삼하 7), 새 언약(렘 31:31-34; 눅 2219-20; 고전 11:23-26)이 있다. 다섯째, 왕이신 하나님과의 언약에 순종으로 반응하는 공동체인 하나님 나라(Kingdom of God)가 개인과 교회 공동체 안에 이루어지기를 원하신다.

(창 1:28) "하나님이 그들에게 복을 주시며 하나님이 그들에게 이르시되 생육하고 번성하여 땅에 충만하라 땅을 정복하라 바다의 물고기와 하늘의 새와 땅에 움직이는 모든 생물을 다스리라 하시니라."

(창 2:17) "선악을 알게 하는 나무의 열매는 먹지 말라 네가 먹는 날에는 반드시 죽으리라 하시니라."

(창 3:14) "여호와 하나님이 뱀에게 이르시되 네가 이렇게 하였으니 네가 모든 가축과 들의 모든 짐승보다 더욱 저주를 받아 배로 다니고 살아 있는 동안 흙을 먹을지니라."

(창 6:18-19) "그러나 너와는 내가 내 언약을 세우리니 너는 네 아들들과 네 아내와 네 며느리들과 함께 방주에 들어가고 혈육 있는 모든 생물을 너는 각기 암수 한 쌍씩 방주로 이끌어들여 너와 함께 생명을 보존하게 하되"

문6. 하나님은 사람을 어떻게 만드셨습니까?

답 : 하나님의 형상과 모양대로 남자와 여자로 만드시고 모든 생물을 다스릴 통치권을 위임하셨습니다(창 1:26-28).

문7. 성경은 첫 번째 인류인 아담과 하와가 어떻게 하나님과의 관계가 단절되었다고 말하고 있습니까?

답 : 하나님의 금지명령(창 2:17)을 거역하고 간교한 뱀의 말에 순종하여 선악을 알게 하는 나무의 열매를 먹음으로 하나님께 불순종했습니다(창 3:6).

문8. 아담과 하와의 불순종의 결과는 무엇입니까?

답 : 1) 하나님을 두려워하여 숨었습니다(창 3:10).

2) 여자는 해산의 고통(창 3:16)을 남자에게는 수고와 땀을 흘려

야 소산을 먹게 되었습니다(창 3:17-18).

3) 창조 때에 부여받은 권리를 박탈당했습니다.

4) 죄의 종(노예)이 되었습니다(요 8:34; 롬 6:16).

성경구절

(창 1:26-28) "하나님이 이르시되 우리의 형상을 따라 우리의 모양대로 우리가 사람을 만들고 그들로 바다의 물고기와 하늘의 새와 가축과 온 땅과 땅에 기는 모든 것을 다스리게 하자 하시고 하나님이 자기 형상 곧 하나님의 형상대로 사람을 창조하시되 남자와 여자를 창조하시고 하나님이 그들에게 복을 주시며하나님이 그들에게 이르시되 생육하고 번성하여 땅에 충만하라 땅을 정복하라 바다의 물고기와 하늘의 새와 땅에 움직이는 모든 생물을 다스리라 하시니라."

(창 3:10) "이르되 내가 동산에서 하나님의 소리를 듣고 내가 벗었으므로 두려워하여 숨었나이다."

(창 3:16) "또 여자에게 이르시되 내가 네게 임신하는 고통을 크게 더하리니 네가 수고하고 자식을 낳을 것이며 너는 남편을 원하고 남편은 너를 다스릴 것이니라 하시고"

(창 3:17) "아담에게 이르시되 네가 네 아내의 말을 듣고 내가 네게 먹지 말라 한 나무의 열매를 먹었은즉 땅은 너로 말미암아 저주를 받고 너는 네 평생에 수고하여야 그 소산을 먹으리라."

(요 8:34) "예수께서 대답하시되 진실로 진실로 너희에게 이르노니 죄를 범하는 자마다 죄의 종이라."

(롬 6:16) "너희 자신을 종으로 내주어 누구에게 순종하든지 그 순종함을 받는 자의 종이 되는 줄을 너희가 알지 못하느냐 혹은 죄의 종으로 사망에 이르고 혹은 순종의 종으로 의에 이르느니라."

문9. 아담의 첫 번째 후손이었던 가인과 아벨은 하나님과의 관계가 어떠했습니까?

답 : 가인은 믿음 없는 제물 드림과 살인으로 여호와 앞을 떠났고(창 4:5, 8, 16) 아벨은 믿음으로 제물을 드리고 가인에게 죽임 당했으나 믿음으로써 지금도 말하고 있습니다(창 4:4; 히 11:4).

문10. 가인의 후손과 아벨 이후 셋의 후손의 다른 점은 무엇입니까?

답 : 1) 가인의 후손은 하나님을 떠났고 6대손(아담부터는 7대손)인 라멕은 악한 자의 대표자이자 살인하는 자가 되었습니다(창 4:19-24).

2) 셋의 6대손(아담부터는 7대손)인 에녹은 하나님과 동행하다가 하나님께서 데려가시므로 세상에 있지 아니한 의인의 대표가 됩니다(창 5:24).

성경구절

(창 4:3-4) "여호와께서 아벨과 그의 제물은 받으셨으나 가인과 그의 제물은 받지 아니하신지라"

(창 4:23) "라멕이 아내들에게 이르되 아다와 씰라여 내 목소리를 들으라 라멕의 아내들이여 내 말을 들으라 나의 상처로 말미암아 내가 사람을 죽였고 나의 상함으로 말미암아 소년을 죽였도다"

(창 5:24) "에녹이 하나님과 동행하더니 하나님이 그를 데려가시므로 세상에 있지 아니하였더라"

문11. 아담 이후 생육하고 번성한 인류와 하나님의 관계는 어떠했습니까?

답 : 1) 죄가 세상에 가득하고 마음으로 생각하는 모든 것이 항상 악

하였습니다(창 6:5).

2) 하나님께 은혜를 입은 노아 같은 의인이 있었지만(창 6:8-9) 악인이 많았습니다.

3) 악인은 심판을 받고 의인은 구원을 받습니다.

문12. 하나님께서 첫 번째 인류에게 주신 복(창 1:28)과 아브라함(창 12:1-3)에게 주셨던 약속[20]은 무엇입니까?

답 : 1) 생육하고 번성하라, 땅을 정복하라, 모든 생물을 다스리라는 복을 주셨습니다.

2) 아브라함에게는 많은 자손과 함께 큰 민족을 이루고 많은 땅을 소유할 것이며, 그로 말미암아 모든 사람들이 복 받을 것이라고 말씀하셨습니다(참고: 갈 3:6-9).

성경구절

(창 6:5) "여호와께서 사람의 죄악이 세상에 가득함과 그의 마음으로 생각하는 모든 계획이 항상 악할 뿐임을 보시고"

(창 6:8-9) "그러나 노아는 여호와께 은혜를 입었더라 이것이 노아의 족보니라 노아는 의인이요 당대에 완전한 자라 그는 하나님과 동행하였으며"

(창 1:28) "하나님이 그들에게 복을 주시며 하나님이 그들에게 이르시되 생육하고 번성하여 땅에 충만하라, 땅을 정복하라, 바다의 물고기와 하늘의 새와 땅에

---

20) 하나님의 창조계획인 모든 인류에게 복 주시고 복 받기를 원하는 마음은 아담과 가인을 비롯한 대부분의 사람들의 불순종에도 불구하고 변하지 않는다. "하나님은 모든 사람이 구원을 받으며 진리를 아는데 이르기를 원하시느니라(딤전 2:4)" "주의 약속은 어떤 이들이 더디다고 생각하는 것 같이 더딘 것이 아니라 오직 주께서 너희를 대하여 오래 참으사 아무도 멸망하지 아니하고 다 회개하기에 이르기를 원하시느니라(벧후 3:9)"

움직이는 모든 생물을 다스리라 하시니라"
(창 12:1-3) "여호와께서 아브람에게 이르시되 너는 너의 고향과 친척과 아버지의 집을 떠나 내가 네게 보여 줄 땅으로 가라 내가 너로 큰 민족을 이루고 네게 복을 주어 네 이름을 창대하게 하리니 너는 복이 될지라 너를 축복하는 자에게는 내가 복을 내리고 너를 저주하는 자에게는 내가 저주하리니 땅의 모든 족속이 너로 말미암아 복을 얻을 것이라 하신지라"
(갈 3:6-9) "아브라함이 하나님을 믿으매 그것을 그에게 의로 정하셨다 함과 같으니라. 그런즉 믿음으로 말미암은 자들은 아브라함의 자손인 줄 알지어다. 또 하나님이 이방을 믿음으로 말미암아 의로 정하실 것을 성경이 미리 알고 먼저 아브라함에게 복음을 전하되 모든 이방인이 너로 말미암아 복을 받으리라 하였느니라. 그러므로 믿음으로 말미암은 자는 믿음이 있는 아브라함과 함께 복을 받느니라."

문13. 아담의 시험(창 2:17; 3:6)과 아브라함의 시험(창 22:1-10)을 비교[21]해 보시오.

답 : 1) 아담의 시험: "동산 각종 나무의 열매는 네가 임으로 먹되 선악을 알게 하는 나무의 열매는 먹지 말라 네가 먹는 날에는 반드시 죽으리라(창 2:16-17)"고 하였으나 불순종했습니다.

2) 아브라함의 시험: "네 아들 네 사랑하는 독자 이삭을 데리고 모리아 땅으로 가서 내가 네게 일러준 한 산 거기서 그를 번제로 드리라(창 22:2)"는 말씀에 순종했습니다.

---

21) 아브라함에 비해 아담의 시험은 쉬워 보이는 경향을 보였지만, 아담은 불순종하여 실패하고 아브라함은 순종하여 하나님을 경외하는 사람(의인)이라고 불렸다. 이것은 하나님께서 아브라함을 처음 불렀을 때 약속하신 것의 성취입니다(창 12:1-3; 22:16-18).

문14. 하나님께서 아브라함(창 12:1-3)과 이삭(창 26:3-4), 야곱에게 (창 28:13-14) 반복하시는 약속은 무엇입니까?

답 : 그들로 말미암아 천하 만민이 복을 받게 된다는 약속입니다. 하나님의 관심과 목적은 아브라함을 포함한 온 인류가 복을 받음에 있습니다.

문15. 큰 민족을 이루게 하겠다는 아브라함을 위한 하나님의 약속(출 1:7)이 성취되는 과정은 무엇입니까?

답 : 1) 애굽에서 430년 노예생활 동안 번성하게 하셨습니다.

2) 광야 40여 년의 과정을 통해 하나님 신뢰하는 법을 배우므로 각종 시험을 통과하는 것이었습니다(신 8:2).

문16. 하나님께 소명을 받은 모세가 순종하는 삶이 가능했던 이유는 무엇입니까?

답 : 1) 믿음으로 바로의 공주의 아들임을 거절하고 하나님의 백성과 함께 고난 받기를 더 좋아했습니다(히 11:24-25).

2) 믿음으로 그리스도를 위하여 받는 수모를 애굽의 모든 보화보다 더 큰 재물로 여겼습니다(히 11:26).

문17. 출애굽한 이스라엘 백성이 약속의 땅(가나안)에 들어가 살 때 지켜야 할 규례는 무엇입니까?

답 : 1) 애굽 땅의 풍속을 따르지 말며 가나안 땅의 풍속과 규례를 행하지 말아야 합니다.

2) 하나님의 법도를 따르며 규례를 지켜 그대로 행하여야 합니다(레 18:3-4).

성경구절

(창 26:4) "네 자손을 하늘의 별과 같이 번성하게 하며 이 모든 땅을 네 자손에게 주리니 네 자손으로 말미암아 천하 만민이 복을 받으리라."

(창 28:14) "네 자손이 땅의 티끌 같이 되어 네가 서쪽과 동쪽과 북쪽과 남쪽으로 퍼져 나갈지며 땅의 모든 족속이 너와 네 자손으로 말미암아 복을 받으리라."

(출 1:7) "이스라엘 자손은 생육하고 불어나 번성하고 매우 강하여 온 땅에 가득하게 되었더라."

(신 8:2) "네 하나님 여호와께서 이 사십 년 동안에 네게 광야 길을 걷게 하신 것을 기억하라 이는 너를 낮추시며 너를 시험하사 네 마음이 어떠한지 그 명령을 지키는지 지키지 않는지 알려하심이라."

(레 18:3-4) "너희는 너희가 거주하던 애굽 땅의 풍속을 따르지 말며 내가 너희를 인도할 가나안 땅의 풍속과 규례도 행하지 말고 너희는 내 법도를 따르며 내 규례를 지켜 그대로 행하라 나는 너희의 하나님 여호와이니라."

문18. 약속의 땅에 들어가 지켜야 할 하나님의 법도와 규례는 무엇입니까?

답 : 시내 산에서 받은 십계명(출 20-23)과 모압평지에서 선포한 신명기 말씀입니다.[22]

문19. 약속의 땅에 들어간 이스라엘은 하나님의 법도와 규례를 지켰습니까?

답 : 1) 우상숭배와 불순종으로(왕상 11:9-10) 약속의 땅에서 쫓겨나 포로로 잡혀갑니다.

---

22) 시내산 언약은 출애굽 1세대와 맺은 것으로 10가지 언약사항이 간략하게 기록되어 있다. 모압 언약으로 불리는 신명기는 출애굽 1.5, 2세대들과 맺은 것으로 약속의 땅에 들어가 살아갈 10가지 계명을 자세하게 안내하신 언약의 말씀이라 할 수 있다.

2) 북이스라엘은 앗수르에 722년(왕하 17:19-23), 남유다는 바벨론에 586년(왕하 25:21) 멸망합니다.

문20. 약속의 땅에서 여호와의 규례와 법도를 지키지 않는 이스라엘에게 하나님은 선지자들을 통해 무엇을 말씀하셨습니까?

답 : 1) 여호와를 찾아야 산다고 말씀하셨습니다(암 5:4, 6).

2) "돌아오라" 선포하시며 회개의 기회를 주셨습니다(사 55:7; 렘 3:22; 25:5; 호 14:1; 슥 1:4; 말 3:7 등).

문21. 유다민족이 바벨론으로 유수[23]되어 머물렀던 기간은 얼마입니까?

답 : 70년입니다. 하나님께서 말씀하신 대로 백성들을 돌보시고 돌아오게 하시겠다고 말씀하셨습니다(렘 29:10).

성경구절

(왕상 11:9-10) "솔로몬이 마음을 돌려 이스라엘의 하나님 여호와를 떠나므로 여호와께서 그에게 진노하시니라 여호와께서 일찍이 두 번이나 그에게 나타나시고 이 일에 대하여 명령하사 다른 신을 따르지 말라 하셨으나 그가 여호와의 명령을 지키지 않았으므로"

(왕하 17:20, 23) "여호와께서 이스라엘의 온 족속을 버리사 괴롭게 하시며 노략꾼의 손에 넘기시고 마침내 그의 앞에서 쫓아내시니라…. 여호와께서 그의 종 모든 선지자를 통하여 하신 말씀대로 드디어 이스라엘을 그 앞에서 내쫓으신지라 이스라엘이 고향에서 앗수르에 사로잡혀 가서 오늘까지 이르렀더라."

---

23) 바벨론 유수(幽囚)라는 말은, 기원전 6세기 유다 왕국이 바벨론(신 바벨론)의 느부갓네살(느부갓네살 2세)에게 멸망 하여 시드기야 왕과 유대인들이 바벨론에 억류되어(Barbylonian Captivity) 약 70년간 포로 생활을 했던 사건을 일컫는 말이다. 여기서 '유수(幽囚)'라는 말은 "유배되어 갇히다"는 뜻이다.

(왕하 25:21) "바벨론 왕이 하맛 땅 립나에서 다 쳐죽였더라 이와 같이 유다가 사로잡혀 본토에서 떠났더라."

(암 5:6) "너희는 여호와를 찾으라 그리하면 살리라 그렇지 않으면 그가 불 같이 요셉의 집에 임하여 멸하시리니 벧엘에서 그 불들을 끌 자가 없으리라."

(사 55:7) "악인은 그의 길을, 불의한 자는 그의 생각을 버리고 여호와께로 돌아오라 그리하면 그가 긍휼히 여기시리라 우리 하나님께로 돌아오라 그가 너그럽게 용서하시리라."

(말 3:7) "만군의 여호와가 이르노라 너희 조상들의 날로부터 너희가 나의 규례를 떠나 지키지 아니하였도다 그런즉 내게로 돌아오라 그리하면 나도 너희에게 돌아가리라."

(렘 29:10) "여호와께서 이와 같이 말씀하시니라 바벨론에서 칠십 년이 차면 내가 너희를 돌보고 나의 선한 말을 너희에게 성취하여 너희를 이 곳으로 돌아오게 하리라."

문22. 바벨론에서 귀환한 유대인들이 가장 먼저 한 일은 무엇입니까?

답 : 무너진 성전을 재건(스룹바벨성전)[24]했습니다(스 1:2-3; 느 2:4-5).

문23. 성경 분류상 지혜서에 속하는 욥기의 목적은 무엇입니까?

답 : 1) 고난은 의인을 비롯하여 모든 사람에게 있음을 가르칩니다.

2) 고난과 시험을 통해 하나님을 아는 지식이 더욱 풍성하고 온전해짐을 가르칩니다.

---

24) 이스라엘의 제 1성전인 솔로몬 성전은 솔로몬 임금 통치 4년째인 기원전 967년경에 건축하기 시작하여 약7년 정도 걸려 완성되었다(왕상 6:37-38). 제2성전은 스룹바벨성전으로 바벨론 포로에서 돌아와 건축한 성전으로 스룹바벨이 총독으로 있던 기원전 516년에 완성된 성전이다. 제3성전은 헤롯성전으로 헤롯대왕(B.C. 37-4)에 의해 보완, 증축된 것으로 예수님 당시에도 건축 중이었다(요 2:20).

3) 고난과 시험 중에도 여호와를 경외하는 것이 참 지혜이며, 악을 떠나는 것이 명철임(욥 28:28; 38:2, 36, 37)을 가르칩니다.

문24. 성경 분류상 지혜서인 시편은 어떤 책입니까?

답 : 1) 시편은 5권 150편으로 이루어졌으며, 개인과 이스라엘 공동체가 하나님을 향해 고백한 찬양입니다.

2) 개인과 이스라엘 공동체의 탄식과 감사, 그리고 찬양을 담고 있습니다.

문25. 메시야 사상(왕적, 선지자적, 제사장적)을 포함하고 있다고 알려진 성경은 무엇입니까?

답 : 1) 왕적 사상(창 49:9–10; 삼하 7; 시 2, 45, 89, 110; 사 11:1–5)

2) 선지자적 사상(신 18:15–19; 왕상 19:16; 사 61:1; 말 4:4–5)

3) 제자장적 사상(레 4:5, 16; 16:5; 슥 4:12, 14)

성경구절

(스 1:2–3) "바사 왕 고레스는 말하노니 하늘의 하나님 여호와께서 세상 모든 나라를 내게 주셨고 나에게 명령하사 유다 예루살렘에 성전을 건축하라 하셨나니 이스라엘의 하나님은 참 신이시라 너희 중에 그의 백성 된 자는 다 유다 예루살렘으로 올라가서 이스라엘의 하나님 여호와의 성전을 건축하라 그는 예루살렘에 계신 하나님이시라."

(느 2:4–5) "왕이 내게 이르시되 그러면 네가 무엇을 원하느냐 하시기로 내가 곧 하늘의 하나님께 묵도하고 왕에게 아뢰되 왕이 만일 좋게 여기시고 종이 왕의 목전에서 은혜를 얻었사오면 나를 유다 땅 나의 조상들의 묘실이 있는 성읍에 보내어 그 성을 건축하게 하옵소서."

(욥 28:28) "또 사람에게 말씀하셨도다 보라 주를 경외함이 지혜요 악을 떠남이 명철이니라."
(창 49:9) "규가 유다를 떠나지 아니하며 통치자의 지팡이가 그 발 사이에서 떠나지 아니하기를 실로가 오시기까지 이르리니 그에게 모든 백성이 복종하리로다."
(신 18:15) "네 하나님 여호와께서 너희 가운데 네 형제 중에서 너를 위하여 나와 같은 선지자 하나를 일으키시리니 너희는 그의 말을 들을지니라."
(레 4:5) "기름 부음을 받은 제사장은 그 수송아지의 피를 가지고 회막에 들어가서"

문26. 마태복음이 증거하는 예수는 어떤 분입니까?

답 : 아브라함과 다윗의 자손으로 하나님 약속의 성취자이며 만왕의 왕이신 그리스도이십니다(마 1:1).

문27. 마가복음에서 증거하는 예수는 어떤 분이십니까?

답 : 예수는 하나님의 아들이시며 복음의 시작이십니다(막 1:1).

문28. 누가복음이 증거하는 예수는 어떤 분입니까?

답 : 잉태와 탄생, 죽으심과 부활의 사실성을 증거합니다(눅 1:1–4).

문29. 요한복음이 증거하는 예수는 어떤 분이십니까?

답 : 태초부터 하나님과 함께 계셨던 말씀, 하나님, 창조주, 생명, 그리고 빛이십니다(요 1:1–3).

문30. 산상수훈으로 불리는 마태복음 5–7장의 핵심은 무엇입니까?

답 : 제자답게 살아야 할 현실적 삶의 기준을 가르칩니다.

문31. 예수께서 부활하신 후에 제자들에게 약속하신 것은 무엇입니까?

답 : 예루살렘을 떠나지 말고, 약속한 보혜사 성령을 기다리라고 말씀했습니다(행 1:4-5; 요 14:16).

문32. 예수의 사도들이 증거한 복음의 핵심은 무엇입니까?

답 : 하나님 나라입니다. 예수님의 명령을 따라(행 1:8) 하나님 나라를 가르치고(행 1:3; 28:31) 예수님의 죽으심과 부활을 전했습니다(행 4:2, 33; 23:6; 롬 1:4; 6:5; 고전 15:12-13).

성경구절

(마 1:1) "아브라함과 다윗의 자손 예수 그리스도의 계보라."

(막 1:1) "하나님의 아들 예수 그리스도의 복음의 시작이라."

(눅 1:1-4) "우리 중에 이루어진 사실에 대하여…… 데오빌로 각하에게 차례대로 써 보내는 것이 좋은 줄 알았노니 이는 각하가 알고 있는 바를 더 확실하게 하려 함이로라."

(요 1:1-3) "태초에 말씀이 계시니라 이 말씀이 하나님과 함께 계셨으니 이 말씀은 곧 하나님이시니라 그가 태초에 하나님과 함께 계셨고 만물이 그로 말미암아 지은 바 되었으니 지은 것이 하나도 그가 없이는 된 것이 없느니라 그 안에 생명이 있었으니 이 생명은 사람들의 빛이라."

(행 1:4) "사도와 함께 모이사 그들에게 분부하여 이르시되 예루살렘을 떠나지 말고 내게서 들은 바 아버지께서 약속하신 것을 기다리라 요한은 물로 세례를 베풀었으나 너희는 몇 날이 못되어 성령으로 세례를 받으리라 하셨느니라."

(행 1:8) "오직 성령이 너희에게 임하시면 너희가 권능을 받고 예루살렘과 온 유대와 사마리아와 땅 끝까지 이르러 내 증인이 되리라 하시니라."

(행 1:3) "그가 고난 받으신 후에 또한 그들에게 확실한 많은 증거로 친히 살아 계심을 나타내사 사십 일 동안 그들에게 보이시며 하나님 나라의 일을 말씀하시니라."

(행 28:31) "바울이 ... 하나님의 나라를 전파하며 주 예수 그리스도에 관한 모든 것을 담대하게 거침없이 가르치더라."

(행 4:33) "사도들이 큰 권능으로 주 예수의 부활을 증언하니 무리가 큰 은혜를 받아"

(롬 1:4) "성결의 영으로는 죽은 자들 가운데서 부활하사 능력으로 하나님의 아들로 선포되셨으니 곧 우리 주 예수 그리스도시니라."

(고전 15:12) "그리스도께서 죽은 자 가운데서 다시 살아나셨다 전파되었거늘 너희 중에서 어떤 사람들은 어찌하여 죽은 자 가운데서 부활이 없다 하느냐"

문33. 보혜사[25]는 누구입니까?

답 : 하나님과 예수의 영으로 모든 것을 가르치시고, 예수님께서 가르치신 것을 생각나게 하며, 우리와 늘 함께하시는 분이십니다(요 14:26).

문34. 초대교회 당시 교회 밖의 사람들이 예수를 하나님의 아들로 믿고 따르는 사람들을 불렀던 호칭들은 무엇입니까?

답 : 그리스도인(행 11:26; 26:28; 벧전 4:16), 제자(행 6:7), 성도(고전 1:2; 엡 1:1; 빌 1:1; 골 1:1), 형제 자매(히 2:11; 3:1; 빌 4:1; 막 3:35; 약 2:15)라 부릅니다.

문35. 마태복음 13장에서 예수께서 비유로 가르치신 것은 무엇입니까?

답 : 일곱 가지의 하나님 나라 비유입니다(네 종류의 밭에 떨어진 씨앗,

---

25) '보혜사'라는 말은, 헬라어로 '파라클레토스'라는 말이다. 이것은 본래 '돕기 위해서 부름을 받은 자'라는 뜻으로, 위로와 중재자로서의 역할을 하는 성령의 다른 표현이다.

겨자씨, 누룩, 가라지, 밭에 감추인 보화, 진주 장사, 그물의 비유).

문 36. 고린도전서 13장에서 말하는 "사랑"이 강조하는 것은 무엇입니까?

답 : 모든 은사보다 큰 은사로서 이웃에 대한 사랑의 실천을 강조합니다.

성경구절

(요 14:26) "보혜사 곧 아버지께서 내 이름으로 보내실 성령 그가 너희에게 모든 것을 가르치고 내가 너희에게 말한 모든 것을 생각나게 하리라."

(마 5:1) "예수께서 무리를 보시고 산에 올라가 앉으시니 제자들이 나아온지라."

(행 11:26) "만나매 안디옥에 데리고 와서 둘이 교회에 일 년간 모여 있어 큰 무리를 가르쳤고 제자들이 안디옥에서 비로서 그리스도인이라 일컬음을 받게 되었더라."

(행 6:7) "하나님의 말씀이 점점 왕성하여 예루살렘에 있는 제자의 수가 더 심히 많아지고 허다한 제사장의 무리도 이 도에 복종하니라."

(고전 1:2) "고린도에 있는 하나님의 교회 곧 그리스도 예수 안에서 거룩하여지고 성도로 부르심을 받은 자들과 또 각처에서 우리의 주 곧 그들과 우리의 주 되신 예수 그리스도의 이름을 부르는 모든 자들에게"

(엡 1:1) "하나님의 뜻으로 말미암아 그리스도 예수의 사도 된 바울은 에베소에 있는 성도들과 그리스도 예수 안에 있는 신실한 자들에게 편지하노니"

(히 2:11) "거룩하게 하시는 이와 거룩하게 함을 입은 자들이 다 한 근원에서 난지라 그러므로 형제라 부르시기를 부끄러워하지 아니하시고"

문 37. 성경은 누가 하나님의 복을 받을 수 있다고 말하고 있습니까?

답 : 1) 악인들의 꾀를 따르지 않고, 여호와의 율법을 즐거워하여 묵상하는 사람입니다(시 1:1-2).

2) 하나님 말씀인 성경을 읽고, 듣고, 지켜 행하는 사람이 복을

받을 수 있습니다(계 1:2-3).

성경구절

(계 1:3) "이 예언의 말씀을 읽는 자와 듣는 자와 그 가운데 기록한 것을 지키는 자는 복이 있나니 때가 가까움이라."

(계 22:18) "내가 이 두루마리의 예언의 말씀을 듣는 모든 사람에게 증언하노니 만일 누구든지 이것들 외에 더하면 하나님이 이 두루마리에 기록된 재앙들을 그에게 더하실 것이요."

(계 1:1) "예수 그리스도의 계시라 이는 하나님이 그에게 주사 반드시 속히 일어날 일들을 그 종들에게 보이시려고 그의 천사를 그 종 요한에게 보내어 알게 하신 것이라."

7. 교회 [주일과 예배]

문1. 신자가 주일[26]을 지켜야 하는 신앙적인 이유는 무엇입니까?

답 : 구약시대에는 창조의 안식일(창 2:2)을 지켜왔으나 예수 그리스도의 부활 이후, 초기교회가 사도들의 가르침을 따라 안식일의 주인이신 예수그리스도께서 부활하신 날을 주의 날로 전통을 따라 지킵니다(행 20:7).

---

26) '주의 날'(Lord's day)이라고도 한다. 초대교회신자들이 지켰던 한주의 첫째 날이다. 헬라어의 주의 날의 완전한 형태의 구절은 요한계시록 1장 10절에 나타난다. 그리스도인들에게 안식일이 주일로 정착, 적용된 것은 4세기 이후부터이며, 안식 후 첫날에 드려진 기독교인들의 예배는(행 20:7; 고전 16:2) 그리스도의 부활에 기초한다(마 28:1; 막 16:2, 9; 눅 24:1; 요 20:1, 19). 하나님께서 제정하신 안식일의 '안식'이란, 우리의 몸과 영혼이 하나님 안에서 안식을 누리는 것이다. 몸과 영과 혼이 하나님이 베푸신 구속의 은혜를 기억하며 하나님 안에서 안식을 위해 만드신 것이다. 안식일을 주일로 지키게 된 이유로 예수께서 새 창조의 머리이자 잠자는 자들의 첫 열매이며 그날에 죽음을 정복하고 무덤에서 부활하셨기 때문이다.

문2. 주일을 어떻게 지켜야 합니까?

답 : 주일은 주중의 날들과 구별하여 거룩하게 지키는 날입니다(출 20:8).

문3. 주일을 거룩하게 지키는 방법은 무엇입니까?

답 : 1) 먼저 개인적인 약속이나 사업을 중지하고 성도들과 교회에서 공적예배를 드리기위해 힘을 써야 하며 성도들과 교제하며 하나님의 일에 협력합니다(행 2:46).

2) 성도들과 한마음으로 하나님께서 기뻐하시는 일을 하는 날입니다.

문4. 하나님께 드리는 예배[27]란 무엇입니까?

답 : 1) 하나님께 영과 진리로 드리는 것이며(요 4:24)

2) 하나님을 높여드리는 것입니다(시 99:9).

성경구절

(창 2:2) "하나님이 그가 하시던 일을 일곱째 날에 마치시니 그가 하시던 모든 일을 그치고 일곱째 날에 안식하시니라"

(행 20:7) "그 주간의 첫날에 우리가 떡을 떼려 하여 모였더니 바울이 이튿날 떠나고자 하여 그들에게 강론할새 말을 밤중까지 계속하매"

(출 20:8) "안식일을 기억하여 거룩히 지키라"

(행 2:46) "날마다 마음을 같이하여 성전에 모이기를 힘쓰고 집에서 떡을 떼며 기쁨과 순전한 마음으로 음식을 먹고"

---

27) 예배(Worship): 문자적으로는 가치를 어떤 사람이나 사물에게 돌린다는 뜻이다. 그러므로 예배는 경건과 의식을 포함한 예식뿐만 아니라 존경하는 삶 전체를 포괄한다. 우리는 예배를 「하나님」께 대한 인간의 최고의 행위로 알고, 모일 때마다 경건하게 신령과 진정(성령과 진리안에서)으로 예배를 드린다.

(요 4:24) "하나님은 영이시니 예배하는 자가 영과 진리로 예배할지니라"
(시 99:9) "너희는 여호와 우리 하나님을 높이고 그 성산에서 예배할지어다 여호와 우리 하나님은 거룩하심이로다"

문5. 예배를 드리는 성도의 자세는 어떠해야 합니까?

답 : 1) 예배는 영과 진리로 드려야 하며(요 4:24)
2) 개회로부터 시작하여 축도 때 까지 참석해야 합니다.

문6. 예배를 통하여 성도가 얻을 수 있는 유익은 무엇입니까?

답 : 1) 예배는 인간이 하나님께 드릴 수 있는 가장 위대하고 거룩한 신앙행위입니다.
2) 예배를 통해 그리스도인들의 신앙이 견고해지고 삶이 바뀌는 것은 예배 때 하나님이 은혜를 주시기 때문입니다.
3) 그리스도인은 자신의 영혼에 필요한 모든 것을 예배로 공급받습니다(시 5:7; 요 4:24).

문7. 예배에 필요한 4대 요소는 무엇입니까?

답 : 말씀, 찬양, 기도, 헌금입니다.

문8. 찬양[28]은 어떻게 드려야 합니까?

답 : 1) 기도하는 마음으로 불러야 하며(시 108:1; 150:3)
2) 곡조에 맞게 부르도록 하며(시 63:3)

28) 찬양(찬송)은 영광과 존귀를 하나님께 드리는 것이다. 또한 모든 피조물이 하나님의 광대하심과 섭리에 대한 응답으로 하나님께 돌리는 것이다. 더불어 하나님의 백성들에게는 마땅한 것이다(시 22:23).

3) 찬송가를 지참하는 것이 유익이 됩니다.

문 9. 설교를 듣는 자세는 어떠해야 합니까?

답 : 1) 하나님께서 설교자를 통하여 나에게 들려주시는 하나님의 음성으로 들어야 합니다.

2) 하나님의 말씀을 듣는 일에 마음을 다해야 합니다(행 17:11; 마 13:23).

문 10. 헌금은 무엇입니까?

답 : 하나님께서 주신 은혜와 복에 대하여 감사와 헌신의 마음을 담아 드리는 믿음의 행위입니다(히 11:4).

성경구절

(요 4:24) "하나님은 영이시니 예배하는 자가 영과 진리로 예배할지니라"

(시 5:7) "오직 나는 주의 풍성한 사랑을 힘입어 주의 집에 들어가 주를 경외함으로 성전을 향하여 예배하리이다"

(시108:1) "하나님이여 내 마음을 정하였사오니 내가 노래하며 내 심령으로 찬양하리로다"

(시150:3) "나팔 소리로 찬양하며 비파와 수금으로 찬양할찌어다"

(시63:3) "주의 인자가 생명보다 나으므로 내 입술이 주를 찬양할 것이라"

(행 17:11) "베뢰아 사람은 데살로니가에 있는 사람보다 더 신사적이어서 간절한 마음으로 말씀을 받고 이것이 그러한가 하여 날마다 성경을 상고하므로"

(마 13:23) "좋은 땅에 뿌리웠다는 것은 말씀을 듣고 깨닫는 자니 결실하여 혹 백배, 혹 육십배, 혹 삼십 배가 되느니라 하시더라"

(히 11:4) "믿음으로 아벨은 가인보다 더 나은 제사를 하나님께 드림으로 의로운 자라 하시는 증거를 얻었으니 하나님이 그 예물에 대하여 증거하심이라 저가 죽었으나 그 믿음으로써 오히려 말하느니라"

문11. 헌금을 드리는 올바른 자세는 무엇입니까?

답 : 1) 인색한 마음이나 억지로 드리지 말아야 합니다(고후 9:7).

2) 감사와 자원하는 마음으로 드려야 합니다(마 6:21).

문12. 기도[29]는 누구의 이름으로 누구에게 합니까?

답 : 예수 그리스도의 이름으로 하나님께 믿음으로 하는 것입니다(시 54:2; 요 15:16; 16:24).

성경구절

(고후 9:7) "각각 그 마음에 정한대로 할 것이요 인색함으로나 억지로 하지 말찌니 하나님은 즐겨 내는 자를 사랑하시느니라"

(마 6:21) "네 보물 있는 그 곳에는 네 마음도 있느니라"

(시 54:2) "하나님이여 내 기도를 들으시며 내 입의 말에 귀를 기울이소서"

(요 15:16) "너희가 나를 택한 것이 아니요 내가 너희를 택하여 세웠나니 이는 너희로 가서 열매를 맺게 하고 또 너희 열매가 항상 있게 하여 내 이름으로 아버지께 무엇을 구하든지 다 받게 하려 함이라"

(요 16:24) "지금까지는 너희가 내 이름으로 아무것도 구하지 아니하였으나 구하라 그리하면 받으리니 너희 기쁨이 충만하리라"

8. 종말

종말은 '마지막, 끝'에서 유래된 것으로 구약에서는 이스라엘 공동체의 종말에 초점을 맞추고 신약은 각 개인의 종말에 초점을 맞추었습니다.

---

29) 기도는 하나님과의 대화이며 신령한 영적호흡이다.

'종말' (민 23:10)이라는 단어가 구약에서 61회 나오며, 그 의미는 '끝' (욥 8:7, 잠 5:4), '마지막 때' (사 2:2; 미 4:1)라는 뜻으로 사용되었습니다. 종말에는 개인의 종말이 있고 인류 역사의 종말이 있습니다. 개인적 종말은 육체적 죽음을 의미하며, 몸과 영혼이 죽음으로 구별되는 것을 말합니다. 역사의 종말은 예수님의 재림으로 나타나게 됩니다.

그리스도 재림의 때에 관하여는 시간과 장소를 말하고 있지 않지만, 임박한 주의 재림을 준비하라고 성경은 신자들에게 가르치고 있습니다. 이것은 그리스도의 초림이 이미 존재 했듯이 재림 또한 확실하며 이미 우리 가까이 오고 있다는 것을 의미하는 것입니다.

모든 신자들은 성경이 강조하는 종말론적인 시대를 살고 있습니다. 하지만 신자들은 하나님 나라의 도래에 관하여 '이미' 와 '아직' 이라는 종말론적 긴장 가운데 살고 있습니다. 다만 지상의 교회로서 신자들은 어느 날 갑자기 그리스도께서 교회를 부르시기 위하여 다시 오실 날을 사모하며 그 앞에 바르게 설 수 있도록 경건한 신앙을 유지해야 합니다.

우리는 예수께서 승천하신 몸대로 천년 시대 전에 재 강림하실 것을 믿습니다. 재림을 구체적으로 언급하거나 그와 관련된 말씀은 신구약 전체에 약 300회 가까이 언급하고 있습니다. 따라서 재림 사상은 성경의 중심사상입니다.

재림의 시기에 관하여는 예수님께서도 "그 날과 그때는 아무도 모르나니 하늘의 천사들도 아들도 모르고 오직 아버지만 아시느니라" (마 24:36)라고 말씀하신 것처럼 사람이 그 날과 때를 알 수 없게 하셨습니다. 하지만 주의 재림이 가까이 왔다는 다양한 징조가 세상에 나타날 것이므로 재림을 기다리는 성도들은 깨어 그 날을 경건한 믿음으로 기다려야 합니다 (살전 5:2-3; 마 24:3; 43-44; 계 16:15).

재림에는 두 국면이 존재하게 될 것인데, 첫째는 공중에 오시며(살전

4:16–18), 다음으로 지상에 오실 것입니다(슥 14:4; 계 19:11–16).

성경구절

(민 23:10) "야곱의 티끌을 누가 능히 세며 이스라엘 사분의 일을 누가 능히 셀고 나는 의인의 죽음을 죽기 원하며 나의 종말이 그와 같기를 바라노라 하매"

(욥 8:7) "네 시작은 미약하였으나 네 나중은 심히 창대하리라"

(잠 5:4) "나중은 쑥 같이 쓰고 두 날 가진 칼 같이 날카로우며"

(사 2:2) "말일에 여호와의 전의 산이 모든 산꼭대기에 굳게 설 것이요 모든 작은 산 위에 뛰어나리니 만방이 그리로 모여들 것이라"

(미 4:1) "끝 날에 이르러는 여호와의 전의 산이 산들의 꼭대기에 굳게 서며 작은 산들 위에 뛰어나고 민족들이 그리로 몰려갈 것이라"

(살전 5:2–3) "주의 날이 밤에 도둑같이 이를 줄을 너희 자신이 자세히 알기 때문이라 그들이 평안하다, 안전하다 할 그 때에 임신한 여자에게 해산의 고통이 이름과 같이 멸망이 갑자기 그들에게 이르리니 결코 피하지 못하리라"

(마 24:3) "예수께서 감람 산 위에 앉으셨을 때에 제자들이 조용히 와서 이르되 우리에게 이르소서 어느 때에 이런 일이 있겠사오며 또 주의 임하심과 세상 끝에는 무슨 징조가 있사오리이까"

(마 24:43–44) "너희도 아는 바니 만일 집 주인이 도둑이 어느 시각에 올 줄을 알았더라면 깨어 있어 그 집을 뚫지 못하게 하였으리라 이러므로 너희도 준비하고 있으라 생각하지 않은 때에 인자가 오리라"

(계 16:15) "보라 내가 도둑 같이 오리니 누구든지 깨어 자기 옷을 지켜 벌거벗고 다니지 아니하며 자기의 부끄러움을 보이지 아니하는 자는 복이 있도다"

(살전 4:16–18) "주께서 호령과 천사장의 소리와 하나님의 나팔 소리로 친히 하늘로부터 강림하시리니 그리스도 안에서 죽은 자들이 먼저 일어나고 그 후에 우리 살아남은 자들도 그들과 함께 구름 속으로 끌어 올려 공중에서 주를 영접하게 하시리니 그리하여 우리가 항상 주와 함께 있으리라 그러므로 이러한 말로 서로 위로하라"

(슥 14:4) "그 날에 그의 발이 예루살렘 앞 곧 동쪽 감람산에 서실 것이요 감람산은 그 한 가운데가 동서로 갈라져 매우 큰 골짜기가 되어서 산 절반은 북으로, 절반은 남으로 옮기고"

(계 19:11-16) "또 내가 하늘이 열린 것을 보니 보라 백마와 그것을 탄 자가 있으니 그 이름은 충신과 진실이라 그가 공의로 심판하며 싸우더라. 그 눈은 불꽃 같고 그 머리에는 많은 관들이 있고 또 이름 쓴 것 하나가 있으니 자기밖에 아는 자가 없고, 또 그가 피 뿌린 옷을 입었는데 그 이름은 하나님의 말씀이라 칭하더라. 하늘에 있는 군대들이 희고 깨끗한 세마포 옷을 입고 백마를 타고 그를 따르더라. 그의 입에서 예리한 검이 나오니 그것으로 만국을 치겠고 친히 그들을 철장으로 다스리며 또 친히 하나님 곧 전능하신 이의 맹렬한 진노의 포도주 틀을 밟겠고 그 옷과 그 다리에 이름을 쓴 것이 있으니 만왕의 왕이요 만주의 주라 하였더라."

문1. 종말에는 어떤 것이 있습니까?

답 : 개인적인 종말과 인류의 종말이 있습니다.

문2. 개인의 종말이란 무엇입니까?

답 : 육체적 죽음을 말합니다.

문3. 육체적 죽음이란 무엇입니까?

답 : 1) 육체와 영혼의 분리이며(전 12:7; 약 2:26)

2) 육체적 생명의 종결입니다(눅 6:9; 요 12:25).

문4. 사람은 왜 죽음에 이르게 되었습니까?

답 : 죄의 결과입니다(창 3:19; 롬 6:23).

문5. 사람이 죽으면 어디로 갑니까?

답 : 1) 악인은 형벌을 받아 지옥으로 가고(시 9:17)

2) 성도는 구원을 받아 이 세상 수고를 마치고 복된 안식의 영화에 들어갑니다(눅 23:43, 롬 8:30하; 계 14:13).

성경구절

(전 12:7) "흙은 여전히 땅으로 돌아가고 영은 그것을 주신 하나님께로 돌아가기 전에 기억하라"

(약 2:26) "영혼 없는 몸이 죽은 것 같이 행함이 없는 믿음은 죽은 것이니라"

(눅 6:9) "예수께서 그들에게 이르시되 내가 너희에게 묻노니 안식일에 선을 행하는 것과 악을 행하는 것, 생명을 구하는 것과 죽이는 것, 어느 것이 옳으냐 하시며"

(요 12:25) "자기의 생명을 사랑하는 자는 잃어버릴 것이요 이 세상에서 자기의 생명을 미워하는 자는 영생하도록 보전하리라"

(창 3:19) "네가 흙으로 돌아갈 때까지 얼굴에 땀을 흘려야 먹을 것을 먹으리니 네가 그것에서 취함을 입었음이라 너는 흙이니 흙으로 돌아갈 것이니라 하시니라"

(롬 6:23) "죄의 삯은 사망이요 하나님의 은사는 그리스도 예수 우리 주 안에 있는 영생이니라"

(시 9:17) "악인들이 스올로 돌아감이여 하나님을 잊어버린 모든 이방 나라들이 그리 하리로다"

(눅 23:43) "예수께서 이르시되 내가 진실로 네게 이르노니 오늘 네가 나와 함께 낙원에 있으리라 하시니라"

(롬 8:30) "또 미리 정하신 그들을 또한 부르시고 부르신 그들을 또한 의롭다 하시고 의롭다 하신 그들을 또한 영화롭게 하셨느니라"

(계 14:13) "또 내가 들으니 하늘에서 음성이 나서 이르되 기록하라 지금 이후로 주 안에서 죽는 자들은 복이 있도다 하시매 성령이 이르시되 그러하다 그들이 수고를 그치고 쉬리니 이는 그들의 행한 일이 따름이라 하시더라"

문6. 지옥과 천국은 어떤 곳 입니까?

답 : 1) 지옥은 하나님이 계시지 않는 곳으로 마귀와 귀신들과 불신 자들이 거하는 곳이며(마 25:41; 계 21:8)

2) 천국은 하나님과 천사들과 성도들이 거하는 곳입니다 (히 12:22-23; 계 7:11).

문7. 사람은 누구나 한번은 죽습니다. 그 이후에는 어떻게 됩니까?

답 : 1) 성도는 생명의 부활을 하고

2) 악인은 심판의 부활을 하게 됩니다(요 5:28-29).

문8. 인류역사의 종말은 언제 인가요?

답 : 그리스도의 재림의 때입니다(마 24:3; 계 16:15).

성경구절

(마 25:41) "또 왼편에 있는 자들에게 이르시되 저주를 받은 자들아 나를 떠나 마귀와 그 사자들을 위하여 예비된 영원한 불에 들어가라"

(계 21:8) "그러나 두려워하는 자들과 믿지 아니하는 자들과 흉악한 자들과 살인자들과 음행하는 자들과 점술가들과 우상 숭배자들과 거짓말하는 모든 자들은 불과 유황으로 타는 못에 던져지리니 이것이 둘째 사망이라"

(히 12:22-23) "그러나 너희가 이른 곳은 시온 산과 살아 계신 하나님의 도성인 하늘의 예루살렘과 천만 천사와 하늘에 기록된 장자들의 모임과 교회와 만민의 심판자이신 하나님과 및 온전하게 된 의인의 영들과"

(계 7:11) "모든 천사가 보좌와 장로들과 네 생물의 주위에 서 있다가 보좌 앞에 엎드려 얼굴을 대고 하나님께 경배하여"

(요 5:28-29) "이를 놀랍게 여기지 말라 무덤 속에 있는 자가 다 그의 음성을 들을 때가 오나니 선한 일을 행한 자는 생명의 부활로, 악한 일을 행한 자는 심판의 부활로 나오리라"
(마 24:3) "예수께서 감람 산 위에 앉으셨을 때에 제자들이 조용히 와서 이르되 우리에게 이르소서 어느 때에 이런 일이 있겠사오며 또 주의 임하심과 세상 끝에는 무슨 징조가 있사오리이까"
(계 16:15) "보라 내가 도둑 같이 오리니 누구든지 깨어 자기 옷을 지켜 벌거벗고 다니지 아니하며 자기의 부끄러움을 보이지 아니하는 자는 복이 있도다"

문9. 그리스도의 재림[30]전에 어떤 일들이 나타난다고 성경은 말하고 있습니까?

답 : 1) 전 세계에 복음이 전파되고(마 24:14)
2) 노아와 롯의 때와 같이 죄악이 관영하며(눅 17:26-30)
3) 전쟁, 기근, 지진, 하늘의 징조들이 있습니다(마 24:29-30).
4) 큰 배도(살후 2:3)가 있고
5) 적그리스도의 출현과 각종 재난이 발생할 것입니다(마 24:5-8; 딤후 3:1-5; 살후 2:3-8; 요일 2:18).

성경구절

(마 24:14) "이 천국 복음이 모든 민족에게 증언되기 위하여 온 세상에 전파되리니 그제야 끝이 오리라"

30) 헌장 제 7절 제 18조 재림 우리는 『주 예수』께서 승천하신 몸대로 천년시대 전에 재 강림하실 것을 믿는다.

(마 24:32–33) “무화과나무의 비유를 배우라 그 가지가 연하여지고 잎사귀를 내면 여름이 가까운 줄을 아나니 이와 같이 너희도 이 모든 일을 보거든 인자가 가까이 곧 문 앞에 이른 줄 알라”

(눅 17:26–30) “노아의 때에 된 것과 같이 인자의 때에도 그러하리라 노아가 방주에 들어가던 날까지 사람들이 먹고 마시고 장가들고 시집가더니 홍수가 나서 그들을 다 멸망시켰으며 또 롯의 때와 같으리니 사람들이 먹고 마시고 사고 팔고 심고 집을 짓더니 롯이 소돔에서 나가던 날에 하늘로부터 불과 유황이 비오듯 하여 그들을 멸망시켰느니라 인자가 나타나는 날에도 이러하리라”

(마 24:29–30) “그 날 환난 후에 즉시 해가 어두워지며 달이 빛을 내지 아니하며 별들이 하늘에서 떨어지며 하늘의 권능들이 흔들리리라 그 때에 인자의 징조가 하늘에서 보이겠고 그 때에 땅의 모든족속들이 통곡하며 그들이 인자가 구름을 타고 능력과 큰 영광으로 오는 것을 보리라”

(살전 2:3) “누가 어떻게 하여도 너희가 미혹되지 말라 먼저 배교하는 일이 있고 저 불법의 사람 곧 멸망의 아들이 나타나기 전에는 그 날이 이르지 아니하리니”

(마 24:5–8) “많은 사람이 내 이름으로 와서 이르되 나는 그리스도라 하여 많은 사람을 미혹하리라 난리와 난리 소문을 듣겠으나 너희는 삼가 두려워하지 말라 이런 일이 있어야 하되 아직 끝은 아니니라 민족이 민족을, 나라가 나라를 대적하여 일어나겠고 곳곳에 기근과 지진이 있으리니 이 모든 것은 재난의 시작이니라”

(딤후 3:1–5) “너는 이것을 알라 말세에 고통하는 때가 이르러 사람들이 자기를 사랑하며 돈을 사랑하며 자랑하며 교만하며 비방하며 부모를 거역하며 감사하지 아니하며 거룩하지 아니하며 무정하며 원통함을 풀지 아니하며 모함하며 절제하지 못하며 사나우며 선한 것을 좋아하지 아니하며 배신하며 조급하며 자만하며 쾌락을 사랑하기를 하나님 사랑하는 것보다 더하며 경건의 모양은 있으나 경건의 능력은 부인하니 이같은 자들에게서 네가 돌아서라”

(살후 2:3–8) “누가 어떻게 하여도 너희가 미혹되지 말라 먼저 배교하는 일이 있고 저 불법의 사람 곧 멸망의 아들이 나타나기 전에는 그 날이 이르지 아니하리니 그는 대적하는 자라 신이라고 불리는 모든 것과 숭배함을 받는 것에 대항하여

그 위에 자기를 높이고 하나님의 성전에 앉아 자기를 하나님이라고 내세우느니라 내가 너희와 함께 있을 때에 이 일을 너희에게 말한 것을 기억하지 못하느냐 너희는 지금 그로 하여금 그의 때에 나타나게 하려 하여 막는 것이 있는 것을 아나니 불법의 비밀이 이미 활동하였으나 지금은 그것을 막는 자가 있어 그 중에서 옮겨질 때까지 하리라 그 때에 불법한 자가 나타나리니 주 예수께서 그 입의 기운으로 그를 죽이시고 강림하여 나타나심으로 폐하시리라"

(요일 2:18) "아이들아 지금은 마지막 때라 적그리스도가 오리라는 말을 너희가 들은 것과 같이 지금도 많은 적그리스도가 일어났으니 그러므로 우리가 마지막 때인 줄 아노라"

문10. 그리스도의 재림 시기는 언제입니까?

답: 아무도 알 수 없으나 징조를 통하여 가까이 다가옴을 알 수 있으며 그러기에 우리는 깨어 준비해야 합니다(마 24:36; 약 5:9).

문11. 성경이 말씀하는 그리스도의 재림하시는 모습에 대하여 말하여 보십시오.

답 : (1) 인격적으로 오시며,
(2) 육체적으로 오시며,
(3) 눈으로 볼 수 있게 오시며(행 1:11),
(4) 영광중에 오십니다(살후 1:10).

문12. 성도는 재림하시는 그리스도를 어떻게 맞이해야 합니까?

답 : 어둠의 일을 벗고(롬 13:12), 성결함으로(광명한 갑옷)(요일 3:3; 계 19:8), 믿음(기름을 준비)(마 25:4)을 준비해야 합니다.

성경구절

(마 24:36) "그러나 그 날과 그 때는 아무도 모르나니 하늘의 천사들도, 아들도 모르고 오직 아버지만 아시느니라"

(약 5:9) "형제들아 서로 원망하지 말라 그리하여야 심판을 면하리라 보라 심판주가 문 밖에 서 계시니라"

(행 1:11) "이르되 갈릴리 사람들아 어찌하여 서서 하늘을 쳐다보느냐 너희 가운데서 하늘로 올려지신 이 예수는 하늘로 가심을 본 그대로 오시리라 하였느니라"

(살전 1:10) "그 날에 그가 강림하사 그의 성도들에게서 영광을 받으시고 모든 믿는 자들에게서 놀랍게 여김을 얻으시리니 이는 (우리의 증거가 너희에게 믿어졌음이라)"

(롬 13:12) "밤이 깊고 낮이 가까웠으니 그러므로 우리가 어둠의 일을 벗고 빛의 갑옷을 입자"

(요일 3:3) "주를 향하여 이 소망을 가진 자마다 그의 깨끗하심과 같이 자기를 깨끗하게 하느니라"

(계 19:8) "그에게 빛나고 깨끗한 세마포 옷을 입도록 허락하셨으니 이 세마포 옷은 성도들의 옳은 행실이로다 하더라"

(마 25:4) "슬기 있는 자들은 그릇에 기름을 담아 등과 함께 가져갔더니"

문13. 성경이 말하는 부활이란 무슨 뜻입니까?

답 : 죽었던 것이 다시 살아나는 것이며, 영적 부활과 육체적 부활 모두 포함합니다(막5:22-24; 눅 7:11-17; 요 5:29; 11:1-44).

문14. 성경이 말하는 부활의 두 국면과 그것에 대하여 설명하십시오.

답 : 부활은 모두 두 번 있을 것이며, 1차 부활은 죽은 성도의 부활과 대환란 때 순교자의 부활입니다(고전 15:23; 51-52). 2차 부

활은 천년 시대 이후, 죽은 모든 죄인의 부활을 의미하며 심판의 부활입니다(단 12:2; 요 5:28-29; 계 20:14-15).

문15. 부활의 상태와 생활에 대하여 말하십시오.

답 : 부활의 상태에 들어가면 썩지 않을 몸을 입고 영화로운 몸으로 변하게 될 것이므로 영원히 죽지 않게 됩니다(빌 3:21; 골 3:4; 단 12:2; 요 5:29).

문16. 천년왕국이란 무엇입니까?

답 : 그리스도께서 지상에 재림하셔서 건설하실 복을 받은 왕국입니다(계 20:2-7).

문17. 천년 시대 세상의 형편에 대하여 말하십시오.

답: 성결, 평화, 통일의 시대로, 예수 그리스도에게 하나로 돌아가는 시대입니다(사 65:20-25).

문18. 천년 시대 물질세계의 상황에 대하여 설명하십시오.

답 : 토지회복, 식물회복, 동물회복의 시대입니다(계 21:5).

문19. 천년 시대의 인간의 형편에 대하여 말하십시오.

답 : 수명회복, 육체회복, 지식이 회복됩니다(히 4:9).

문20. 천년 시대의 정치 상황에 대하여 말하십시오.

답 : 예수 그리스도께서 만왕의 왕으로 다스리시며, 성도들은 주와 함께 왕 노릇하는 이상적인 세계가 됩니다(사 61:2).

9. 성 례 [세례. 성찬](헌장 제3장 제2절 25조, 26조 참조)

교회에서 시행하는 성례전은 「세례」와 「성찬」이 있습니다. 세례는 예수께서 친히 명하신 성례이며(마 28:19), 교인이 회개하여 예수 그리스도의 이름으로 죄사함 받아 거듭남으로 하나님의 자녀가 되었음을 증거 하는 것입니다. 세례의 형식은 물에 완전히 잠기는 침례가 원칙이지만, 약례(略禮, 물을 뿌리거나 붓는)로 시행할 수 있습니다. 세례는 특정한 형식에 의하여 그 유효성이 결정되는 것은 아니지만, 몸을 물에 담그는 것에 의미가 있습니다.

성찬은 우리 주 예수께서 친히 세우신 성례이며(눅 22:19-20), 우리의 속죄 제물 되신 예수 그리스도의 살과 피를 기념함으로써 주님과 더욱 친밀하여지며, 구속하신 은혜를 더욱 감사하게 되며, 믿음을 왕성하게 하는데 그 뜻이 있습니다. 다만 성찬은 세례교인만 참여할 수 있습니다.

문1. 그리스도께서 세우신 신약시대의 성례는 무엇입니까?

답 : 구약시대에는 할례 의식(창 17:10)과 유월절 절기(민 9:2-4)를 지키는 것이었으나, 신약시대는 세례(마 28:19)와 성찬(눅 22:19-20)입니다.

문2. 세례의 뜻은 무엇입니까?

답 : 세례는 "물에 잠기어 죄를 씻는다."는 뜻으로 육신에 속한 살아 있는 내가 죽고 예수 그리스도로 말미암아 다시 살아나는 것입니다.

문3. 세례의 표적(表迹)은 무엇입니까?

답 : 세례는 구원(벧전 3:21) 즉 중생의 징표입니다.

문4. 왜 세례를 받아야 합니까?

답 : 세례는 죄 사함과 깊은 관련이 있으며(행 2:38), 예수 그리스도를 개인의 구주로 영접하여 그리스도와 연합된 표로 세례를 받는 것입니다(롬 6:1-10; 갈 3:27). 신자는 세례를 통해 예수의 죽으심과 함께 죽고 그의 부활과 함께 새 생명이 주어졌음을 믿습니다(롬 6:4; 골 2:12). 뿐만 아니라 세례를 받음으로 그리스도의 몸인 교회와 하나 되는 것입니다(행 20:28; 고전 12:13).

문5. 세례 예식은 누가 베풀며 누구의 이름으로 시행됩니까?

답 : 세례는 예수님의 제자들에게 맡기신 것과 같이(요 4:2) 합법적이며, 신자가 출석하는 교회의 담임목사가 삼위 하나님의 이름으로[31] 베풀어야 합니다(마 28:19).

문6. 누가 세례를 받을 수 있습니까?

답 : 세례는 예수 그리스도를 개인의 구주로 영접하고 자신의 죄를 회개하므로 하나님의 자녀가 되었음을 확신한 사람이 받을 수 있습니다(요 1:12; 막 16:16). 단, 아직 성인이 되지 못한 영·유아와 유소년은 본교회의 헌장이 정한 연령이 되었을 때 교회의

---

31) 헌장 제6장 제2절 제53조 5항 1목에 의하여, 목사직을 가진 사람에 의하여 세례는 베풀어 질 수 있으나, 대상자가 속해 있는 교회의 담임목사가 세례를 베푸는 것이 원칙이다. 다만 부득이한 경우 부목사 또는 담임목사의 위임을 받은 목사가 베풀 수 있다.

허락을 받아 세례를 받을 수 있습니다.[32)]

성경구절

(창 17:10) "너희 중 남자는 다 할례를 받으라 이것이 나와 너희와 너희 후손 사이에 지킬 내 언약이니라"

(민 9:2-4) "이스라엘 자손에게 유월절을 그 정한 기일에 지키게 하라 그 정한 기일 곧 이 달 열넷째 날 해 질 때에 너희는 그것을 지키되 그 모든 율례와 그 모든 규례대로 지킬지니라 모세가 이스라엘 자손에게 명령하여 유월절을 지키라 하매"

(마 28:19) "그러므로 너희는 가서 모든 족속으로 제자를 삼아 아버지와 아들과 성령의 이름으로 세례를 주고"

(눅 22:19-20) "또 떡을 가져 사례하시고 떼어 제자들에게 주시며 가라사대 이것은 너희를 위하여 주는 내 몸이라 너희가 이를 행하여 나를 기념하라 하시고 저녁 먹은 후에 잔도 이와 같이하여 가라사대 이 잔은 내 피로 세우는 새 언약이니 곧 너희를 위하여 붓는 것이라"

(벧전 3:21) "물은 예수 그리스도께서 부활하심으로 말미암아 이제 너희를 구원하는 표니 곧 세례라 이는 육체의 더러운 것을 제하여 버림이 아니요 하나님을 향한 선한 양심의 간구니라"

(갈 3:27) "그러나 성경이 모든 것을 죄 아래 가두었으니 이는 예수 그리스도를 믿음으로 말미암는 약속을 믿는 자들에게 주려 함이라"

(롬 6:4) "그러므로 우리가 주의 죽으심과 합하여 세례를 받음으로 그와 함께 장사 되었나니 이는 아버지의 영광으로 말미암아 그리스도를 죽은 자 가운데서 살리심과 같이 우리로 또한 새 생명 가운데 행하게 하려 함이라"

(골 2:12) "골로새에 있는 성도들 곧 그리스도 안에서 신실한 형제들에게 편지하노니 우리 아버지 하나님으로부터 은혜와 평강이 너희에게 있을지어다"

---

32) 영아와 유아(24개월 미만)는 헌아식을 통해 하나님께 드려질 수 있으며(삼 1:28, 목회예식서 p.59.), 유소년은 만 14세가 되기까지 기다려야 한다(헌장 제6장 제1절 제41조 3항 2목, 목회예식서 p.66.).

(행 20:28) "그런즉 하나님의 이 구원이 이방인에게로 보내어진 줄 알라 그들은 그것을 들으리라 하더라"
(고전 12:13) "우리가 유대인이나 헬라인이나 종이나 자유인이나 다 한 성령으로 세례를 받아 한 몸이 되었고 또 다 한 성령을 마시게 하셨느니라"
(요 1:12) "영접하는 자 곧 그 이름을 믿는 자들에게는 하나님의 자녀가 되는 권세를 주셨으니"
(막 16:16) "믿고 세례를 받는 사람은 구원을 얻을 것이요 믿지 않는 사람은 정죄를 받으리라"

문7. 성찬은 무엇입니까?

답 : 성찬은 예수께서 자기 백성을 구속하시기 위하여 십자가 위에서 피 흘려 죽으신 고통을 기억하며 떡과 포도주로 기념하는 예식을 말합니다.[33] 교회는 이 예식으로 그리스도와 더욱 친밀한 교제를 나누게 되며 예수 그리스도의 죽으심을 재림의 때까지 전하는 의미가 있습니다(눅 22:19; 고전 11:23-25).

문8. 누가 성찬에 참여할 수 있습니까?

답 : 세례 받은 사람이 참여할 수 있습니다. 단, 세례 받은 사람이라도 신앙 양심상 거리낌이 없어야 합니다(고전 11:27-29).

문9. 성찬에 참여하는 사람이 다짐해야 할 것은 무엇입니까?

---

33) "기념"의 헬라어는 '아남네시스'로서 생각나게 하는 것(reminder), 기억(remembrance)의 뜻이다. 따라서 성찬을 통해 자신을 희생하신 예수를 잊지 않고 기억하고 기념해야 한다.

답 : 성찬에 참여할 때마다 예수 그리스도의 죽으심을 그가 다시 오실 때까지 전하는 것입니다(고전 11:26).

성경구절

(고전 11:23-25) "내가 너희에게 전한 것은 주께 받은 것이니 곧 주 예수께서 잡히시던 밤에 떡을 가지사 축사하시고 떼어 이르시되 이것은 너희를 위하는 내 몸이니 이것을 행하여 나를 기념하라 하시고 식후에 또한 그와 같이 잔을 가지시고 이르시되 이 잔은 내 피로 세운 새 언약이니 이것을 행하여 마실 때마다 나를 기념하라 하셨으니"

(고전 11:27-29) "그러므로 누구든지 주의 떡이나 잔을 합당하지 않게 먹고 마시는 자는 주의 몸과 피에 대하여 죄를 짓는 것이라 사람이 자기를 살피고 그 후에야 이 떡을 먹고 이 잔을 마실지니 주의 몸을 분별하지 못하고 먹고 마시는 자는 자기의 죄를 먹고 마시는 것이니라"

(고전 11:26) "너희가 이 떡을 먹으며 이 잔을 마실 때마다 주의 죽으심을 그가 오실 대까지 전하는 것이니라"

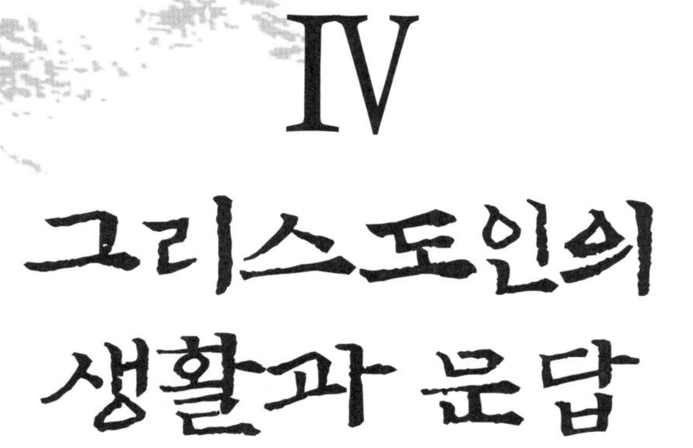

Ⅳ
그리스도인의 생활과 문답

Ⅳ. 그리스도인[34]의 생활과 문답

1. 교 인[35]

1. 교인의 구분 (헌장 제41조 참조.)

교회 안의 등록한 모든 사람을 가리키며, 헌아인, 구도교인, 학습교인, 세례교인으로 나눕니다. 헌아자(교인)란, 24개월 이내의 유아로 부모가 믿으며 헌아식을 통해 헌아(교인) 명부에 기록된 사람을 말합니다. 구도교인이란, 공 예배에 참석하며, 구도교인 명부에 기록된 사람을 말합니다. 학습교인이란, 구도교인으로 6개월 이상 교회에 근실히 출석한 자로, 생활의 변화가 있고 만 14세가 넘는 사람으로 예문에 따라 문답하고 학습교인 명부에 기록된 사람을 말합니다. 세례교인이란, 학습 후 6개월이 넘고 확실히 거듭난 증거가 있는 교인으로서 세례 문답에 합격하고, 세례를 받아 세례교인 명부에 기록된 사람을 말합니다.

2. 입회식 (헌장 제42조 참조.)

첫째, 본 교회에서 세례 받은 교인, 본 교회(교단) 및 본 교회에서 인정

---

34) 신약성경에서 '그리스도인' 이라는 말은 3회(행 11:26; 26:28; 벧전 4:16)에 사용된다. 그러나 '제자' 라는 단어는 359회나 사용된다. 예수님의 삶과 강력한 관계를 암시하며 현장에서의 실천적인 삶을 강조하기 위해서 '제자' 라는 단어가 적합하다.

35) 개종자를 일컫는 단어로 먼저는 유대교에 입교한 비유대인을 의미하지만 기독교에 입교하기 위해 지역교회 안으로 들어온 개종자를 지칭한다(마 23:15; 행 2:11; 6:5; 13:43).

하는 다른 교단에서 이명증서를 가지고 옮겨 온 세례교인으로서 담임 교역자에게 인정받은 교인이어야 하며, 둘째, 본 교회에서 인정하는 교회 또는 교단에서 이명증서 없이 옮겨온 세례교인으로 그 교회 공 예배에 부지런히 참석하여 담임교역자(당회)에게 인정받은 사람이 교회의 입회식에 참예함으로 교회의 회원이 될 수 있습니다.

3. 교인의 의무 (헌장 제43조 참조.)

본 교회에 들어와 교인 된 이는 하나님의 영광과 신앙성장을 위하여 성경말씀을 기초삼고 다음 의무를 힘써 지켜야 합니다. 첫째, 공 예배에 빠짐없이 참석해야 합니다. 둘째, 자진해서 성경을 읽고 배워야 합니다. 셋째, 항상 쉬지 말고 기도해야 합니다. 넷째, 하나님께 받은 은사대로 힘써 전도해야 합니다. 다섯째, 온갖 일에 감사하는 마음으로 하나님 나라의 복음 전파를 위하여 교회에 헌금하며 온전한 십일조를 드려야 합니다.

2. 일반 교인의 생활규범

1. 하나님께 대한 경건한 생활 (헌장 제30조 참조.)

1) 예배: 교인은 겸손한 마음으로 공 예배와 가정예배를 힘써 드리며, 성경을 사랑하고, 설교를 하나님 말씀을 듣는 것 같이 사모해야 합니다(살전 2:13).
2) 성찬: 교인(세례교인)은 성찬예식을 거행할 때마다 성심껏 준비하고 참예하여야 합니다.
3) 성경과 기도: 교인은 성경을 읽는 일과 기도하는 일에 힘써야 합니다.

2. 교인이 힘써 할 일 (헌장 제31조 참조.)

1) 담임교역자를 영적지도자로 여기며, 위하여 기도하며, 가르침 받기를 늘 힘써야 합니다.
2) 이웃의 영혼을 위하여 기도하고, 전도하며, 자기와 만나는 이를 권고하기를 늘 힘써야 합니다.
3) 하나님께서 힘주시는 대로 사람을 긍휼히 여겨 가난한 사람에게 먹을 것과 입을 것을 기꺼이 나누어 줄 수 있어야 합니다.
4) 병든 이와 생활고에 시달리는 사람을 방문하며, 고아와 과부, 그밖에 외롭게 사는 사람들을 찾아가 도와주어야 합니다.
5) 무슨 거래에나 진실히 하여 누구에게나 신임을 받도록 해야 하며, 검소절약(儉素節約)하여 남에게 본이 되어야 합니다.
6) 어떤 직장에 근무하든지 오직 돈을 목적으로 일하지 말고 봉사의 마음과 정신으로 하나님 앞에서 근면하고 성실하여야 합니다.
7) 무슨 사업을 하든지 자기중심으로 하지 말고, 하나님을 중심으로 진실하게 하여야 합니다.
8) 성도는 어려운 일을 당할수록 남을 원망하거나(빌 2: 14-15) 시비해서는 안 되며, 스스로 반성하며 자족하고 범사에 감사하는 생활을 하여야 합니다.
9) 역경을 당할 때 먼저 사람과 의논하지 말고 하나님의 뜻을 깨닫기 위하여 기도하는 일을 해야 합니다.
10) 신앙으로 말미암아 멸시와 핍박을 받을 때는 예수 그리스도의 인내를 생각하고 소망 중에 길이 참아야 합니다(롬 12:12; 계 3:10-13).

성경구절

(살전 2:13) "이러므로 우리가 하나님께 끊임없이 감사함은 너희가 우리에게 들은 바 하나님의 말씀을 받을 때에 사람의 말로 받지 아니하고 하나님의 말씀으로 받음이니 진실로 그러하도다 이 말씀이 또한 너희 믿는 자 가운데에서 역사하느니라."
(빌 2:14-15) "모든 일을 원망과 시비가 없이 하라 이는 너희가 흠이 없고 순전하여 어그러지고 거스르는 세대 가운데서 하나님의 흠 없는 자녀로 세상에서 그들 가운데 빛들로 나타내며"
(롬 12:12) "소망 중에 즐거워하며 환난 중에 참으며 기도에 항상 힘쓰며"
(계 3:10-13) "네가 나의 인내의 말씀을 지켰은즉 내가 또한 너를 지켜 시험의 때를 면하게 하리니 이는 장차 온 세상에 임하여 땅에 거하는 자들을 시험할 때라 내가 속히 오리니 네가 가진 것을 굳게 잡아 아무도 네 면류관을 빼앗지 못하게 하라 이기는 자는 내 하나님 성전에 기둥이 되게 하리니 그가 결코 다시 나가지 아니하리라 내가 하나님의 이름과 하나님의 성 곧 하늘에서 내 하나님께로부터 내려오는 새 예루살렘의 이름과 나의 새 이름을 그이 위에 기록하리라 귀 있는 자는 성령이 교회들에게 하시는 말씀을 들을지어다"

3. 교인이 하지 말아야 할 일 (헌장 제32조 참조.)

1) 사람 앞에서 하나님의 거룩하신 이름을 남용하거나 배반해서는 안 됩니다.
2) 하나님의 계시인 성경의 가르침을 거부하고 자의적으로 해석해서는 안 됩니다.
3) 주일에는 모든 사무를 쉬고 가능한 대로 물품을 사고 파는 일을 삼가 해야 합니다.
4) 신분에 어울리지 않는 복장을 삼가야 합니다.

5) 세속적인 노래를 즐겨 부르거나, 방탕한 가사가 담긴 노래를 부르거나 춤을 추는 등, 범죄의 위험성이 있는 오락장에 가지 말아야 합니다.
6) 풍속이나 도덕을 문란하게 하는 책이나 영상물 또는 매체를 의도적으로 가까이 하지 말아야 합니다.
7) 남을 비판할 목적으로 과격하거나 거짓되거나 그밖에 부도덕한 말을 하지 말아야 합니다.
8) 악을 악으로 갚지 말아야 하며 교우끼리 서로 다투거나 세상법정에 소송하는 일은 하지 말아야 합니다.
9) 음주와 흡연의 습관은 성경의 교훈과 교리 및 역사적인 경험에 비추어 볼 때 신자의 신앙을 위하여 해로운 것이라고 인정되므로 버려야 하며, 또 남에게 권하거나 만들거나 팔고 사는 영업을 하지 말아야 합니다.
10) 신자는 고리대금업이나 그와 유사한 사행성 사업을 하지 말아야 하며, 갚을만한 형편을 넘어서는 고액의 대부를 하지 말아야 하며, 공금의 개인적 사용을 멀리해야 하며, 그밖에 모든 건전하지 않은 금전거래로 교회의 명예와 교인됨의 명예를 손상시키는 일을 해서는 안 됩니다.
11) 자녀가 부모에게 불효하거나 연소자가 어른에게 불손하거나 강한 이가 약한 이를 학대하거나 경제적으로 가난한 사람을 차별하거나 자신의 지식으로 타인을 멸시하지 말아야 합니다.
12) 건전하지 못한 이성 교제로 오해를 받아 교회의 위신과 명예를 훼손시키는 행동을 해서는 안 됩니다.

4. 단체생활에 있어서 지켜야 할 일 (헌장 제33조 참조.)

성도가 소속되어 있는 최고의 단체는 교회입니다. 교회는 예수 그리스도의 몸이요 예수 그리스도는 교회의 머리가 되시며 우리는 각각 그 지체입니다. 따라서 교회의 명예와 예수 그리스도의 영광을 위하여 교회생활에 있어서 우리는 다음 사항을 지켜야 합니다.

첫째, 근거 없는 말이나 소문을 들었다고 하여 사석에서나 공석에서 사실 여부를 확인하지 않고 함부로 소문내므로 교우 사이의 분리나 다툼을 제공해서는 안 됩니다.

둘째, 교회 질서유지에 관하여 교회의 직원회, 사무연회나 당회, 또는 그 밖의 상위 기관이 성경과 헌장을 위반하는 사실이나 결의가 없음에도 불구하고 말로나 인쇄물을 퍼뜨려 교인들을 선동하거나 교회의 소란을 일으키거나 교인들의 교회 출석을 방해하므로 교인들을 유혹하여 교회를 갈라놓는 행위, 설교를 방해하는 행위, 질문 등으로 예배순서 진행을 방해하는 행위, 건전하지 못한 말을 함으로써 교회질서를 어지럽히지 말아야 합니다.

5. 혼인관계에 있어서 지켜야 할 일 (헌장 제34조 참조.)

혼인은 하나님께서 몸소 정하신 신성한 제도이므로 경솔히 할 수 없는 예식입니다. 교인들은 혼인관계에서 다음 각 항을 지켜야 합니다.

(1) 결혼에 관하여

1) 성결교회교인들은 신자 가정과 혼인관계를 맺어야 합니다.
2) 교인들은 혼인하고자 할 때, 먼저 교회 교역자에게 문의하여 그 지도를 받는 것이 좋습니다.
3) 부모는 그 자녀의 혼인을 강요하거나, 성경에 위반되는 이유 없이 결혼을 반대해서는 안되며, 또한 자녀는 부모나 후견인의 동의로 결혼을 해야 합니다.
4) 교인은 예문에 따라 교역자의 주례로 예식을 거행하여야 하며, 결혼주례 요청을 받은 교역자는 신랑·신부의 가족관계증명서, 기본증명서, 혼인관계증명서와 후견인의 동의서와 소속교회 교역자의 교인증명을 받아, 정당한 결혼임을 확인한 후 주례를 허락하여야 합니다.

(2) 이혼에 관하여

본 교회는 남·녀 간에 간음한 연고 이외에는 이혼을 인정하지 않습니다.

6. 상례(喪禮) 순서(헌장 제35조, 별책 「목회예식서」 참조)

1) 입관: 별세 후 준비되는 대로 입관하고 예배를 드립니다.
2) 조문: 조객은 먼저 묵상기도하고 그 밖의 유족들에게는 정중히 인사를 합니다(단, 신자는 영전에 절하거나 분향하지 않으며, 죽은 자에게 대하여 '명복을 빈다' 는 말을 사용해서는 안 된다).
3) 장례는 주일을 피해야 합니다.
4) 상복은, 남·녀 상주는 백색 혹은 흑색 옷을 상복으로 할 것이나 형편에 따라 간단한 상주표시를 할 수도 있습니다.
5) 추도식: 소천일을 기억하여 「예문」에 따라서 추도식을 거행할 수 있습니다.

3. 생활 문답

본 문답은 예수그리스도 안에서 새로운 생명과 성숙한 하나님의 자녀로서의 의무와 책임을 담대하게 받아들이기 위한 것입니다.

문1. 신자가 특별히 금해야 할 일은 무엇입니까?

답 : 주일을 지키지 않는 일(출 20:8), 미신적 행위(왕하 21:6), 도박[36](잠 10:2)을 금해야 합니다.

문2. 신자는 세상에서 어떠한 삶을 살아야 합니까?

답 : 말씀대로 살기 위해 성경을 배워야 하며(딤후 1:13-14), 예수님의 말씀을 생활 속에 실천해야 합니다(막 4:20).

문3. 기독교 신앙을 가졌다는 이유로 환난과 핍박을 받을 때 예수님을 끝까지 믿겠습니까?

답 : 인내하며 끝까지 낙심하지 않고 예수님을 믿는 신앙을 지키겠습니다(눅 21:17-18; 계 14:12).

성경구절

(출 20:8) "안식일을 기억하여 거룩하게 지키라"
(왕상 21:6) "또 자기의 아들을 불 가운데로 지나게 하며 점치며 사술을 행하며 신접한 자와 박수를 신임하여 여호와께서 보시기에 악을 많이 행하여 그 진노를 일으켰으며"

36) 도박이란 '불확실한 결과에 대해 돈을 걸고 하는 내기'를 말한다. 이런 의미에서는 승부를 걸고 하는 모든 내기는 비록 가볍다 해도 모두 도박에 속한다고 할 것이다. 도박의 어떠한 형태로든 시작하지 않는 것이 좋으며 특별히 요행수를 바라는 모든 것은 도박에 포함되며 투기성 사업을 자제해야 한다.

성경구절

(잠 10:2) "불의의 재물은 무익하여도 공의는 죽음에서 건지느니라"

(딤후 1:13-14) "너는 그리스도 예수 안에 있는 믿음과 사랑으로써 내게 들은 바 바른 말을 본받아 지키고 우리 안에 거하시는 성령으로 말미암아 네게 부탁한 아름다운 것을 지키라"

(막 4:20) "좋은 땅에 뿌려졌다는 것은 곧 말씀을 듣고 받아 삼십 배나 육십 배나 백배의 결실을 하는 자니라"

(눅 21:17-18) "또 너희가 내 이름으로 말미암아 모든 사람에게 미움을 받을 것이나 너희 머리털 하나도 상하지 아니하리라"

(계 14:1) "성도들의 인내가 여기 있나니 그들은 하나님의 계명과 예수에 대한 믿음을 지키는 자니라"

문4. 교인의 배우자를 선택하는 기준은 무엇입니까?

답 : 하나님의 거룩한 가정을 위하여 신앙인과 결혼하는 것이 마땅합니다(창 2:20-23; 말 2:11-12; 마 19:6; 막 10:9).

문5. 결혼[37]과 장례예식은 어떻게 준비해야 합니까?

답 : 목사님과 의논하여 교회의 예식을 따라야 합니다 (헌장 제 34조 1항).

---

37) 성경에서의 결혼은 하나님께서 남자와 여자를 서로 짝이 되게 하심으로 시작하셨다. 또한 생육하고 번성하라고 말씀하셨다(창 1:27-28). 성경에는 결혼에 대한 규례와 교훈이 많이 기록되어 있으며 영원한 관계를 강조하셨다(막 10:6-9; 말 2:14-16). 그리스도인의 결혼예식은 주안에서 이루어져야 하며 목사나 교역자가 예식을 주례하는 것이 타당하다. 그 이유로는 결혼은 하나님이 친히 제정하신 것이며(창 2:20-23), 하나님께서 친히 짝지어 주시는 것이다(막 10:9; 마 19:6). 그리스도인의 결혼은 반드시 한 남자와 한 여자 사이에 이루어져야 한다(창 2:24).

성경구절

(창 2:20-23) "아담이 모든 가축과 공중의 새와 들의 모든 짐승에게 이름을 주니라 아담이 돕는 배필이 없으므로 여호와 하나님이 아담을 깊이 잠들게 하시니 잠들매 그가 그 갈빗대 하나를 취하고 살로 대신 채우시고 여호와 하나님이 아담에게서 취하신 그 갈빗대로 여자를 만드시고 그를 아담에게로 이끌어 오시니 아담이 이르되 이는 내 뼈 중의 뼈요 살 중의 살이라 이것을 남자에게서 취하였은즉 여자라 부르리라 하니라"

(창 2:24) "이러므로 남자가 부모를 떠나 그의 아내와 합하여 둘이 한 몸을 이룰지로다"

(말 2:11-12) "유다는 거짓을 행하였고 이스라엘과 예루살렘 중에서는 가증한 일을 행하였으며 유다는 여호와께서 사랑하시는 그 성결을 욕되게 하여 이방 신의 딸과 결혼하였으니 이 일을 행하는 사람에게 속한 자는 깨는 자나 응답하는 자는 물론이요 만군의 여호와께 제사를 드리는 자도 여호와께서 야곱의 장막 가운데에서 끊어 버리시리라"

(마 19:6) "그런즉 이제 둘이 아니요 한 몸이니 그러므로 하나님이 짝지어 주신 것을 사람이 나누지 못 할지니라 하시니"

(막 10:9) "그러므로 하나님이 짝지어 주신 것을 사람이 나누지 못할지니라 하시더라"

문6. 불건전한 시설에 출입을 금하겠습니까?

답 : 네. 그렇게 하겠습니다(엡 4:19; 눅 21:34).

문7. 음란한 서적이나 영상, 또는 매체를 멀리 하겠습니까?

답 : 네. 그렇게 하겠습니다(살전 4:3; 롬 13:13).

문8. 삶을 해롭게 하는 중독[38]된 것이 있다면 지금 바로 끊겠습니까?

답 : 네. 그렇게 하겠습니다.

문9. 점을 치거나(토정비결, 사주, 궁합, 타로) 우상[39]을 섬기는 일을 버리겠습니까?

답 : 네. 그렇게 하겠습니다(신 18:14; 왕하 17:17; 렘 29:8).

문10. 신자로서 바른 언어생활을 하시겠습니까?

답 : 네. 그렇게 하겠습니다(마 5:22).

성경구절

(엡 4:19) "저희가 감각 없는 자 되어 자신을 방탕에 방임하여 모든 더러운 것을 욕심으로 행하되"

(눅 21:34) "너희는 스스로 조심하라 그렇지 않으면 방탕함과 술취함과 생활의 염려로 마음이 둔하여지고 뜻밖에 그 날이 덫과 같이 너희에게 임하리라"

(살전 4:3) "하나님의 뜻은 이것이니 너희의 거룩함이라 곧 음란을 버리고"

(롬 13:13) "낮에와 같이 단정히 행하고 방탕과 술취하지 말며 음란과 호색하지 말며 쟁투와 시기하지 말고"

---

38) 중독은 어떤 물질이나 행위가 반복적인 심각한 문제를 일으킴에도 불구하고 자신의 기분을 조절하기 위해 그러한 물질이나 행위를 습관적으로 사용하는 것이라고 말한다. 그것은 뿌리 깊은 습관이다. 중독은 영적 질병으로, 고백과 단절, 회개를 통해 죄 문제를 먼저 해결해야만 질병의 차원과 배후의 심층적인 문제를 치료할 수 있다(브루스 · 넬리 리치필드, 기독교 상담과 가족치료 참조).

39) 하나님보다 더 사랑하는 것의 모든 것을 포함한다. 구약에서의 우상숭배는 여호와 이외의 다른 신들을 특히 그들을 나타내는 형상을 섬기는 것을 의미한다. 신약은 이 개념을 확대하여 하나님 이외의 어떤 것에 대한 궁극적인 신뢰도 우상숭배에 포함시키고 있다(엡 5:5; 빌 3:19; 골 3:5).

(신 18:14) "네가 쫓아낼 이 민족들은 길흉을 말하는 자나 복술자의 말을 듣거니와 네게는 네 하나님 여호와께서 이런 일을 용납지 아니하시느니라"

(왕하 17:17) "또 자기 자녀를 불 가운데로 지나가게 하며 복술과 사술을 행하고 스스로 팔려 여호와 보시기에 악을 행하여 그 노를 격발케 하였으므로"

(렘 29:8) "만군의 여호와 이스라엘의 하나님께서 이와 같이 말하노라 너희 중에 있는 선지자들에게와 점쟁이에게 미혹되지 말며 너희가 꾼 꿈도 곧이 듣고 믿지 말라"

(마 5:22) "나는 너희에게 이르노니 형제에게 노하는 자마다 심판을 받게 되고 형제를 대하여 라가라 하는 자는 공회에 잡혀가게 되고 미련한 놈이라 하는 자는 지옥 불에 들어가게 되리라"

문11. 이웃을 사랑하고 섬기는 일을 실천하시겠습니까?

답 : 네. 순종하도록 노력하겠습니다(마 22:39).

문12. 이웃과 원한이 있거나 용서하지 못하는 일이 있다면 이제 용서하시겠습니까?

답 : 네, 그렇게 하겠습니다(마 5:23-24; 잠 11:12; 14:21).

문13. 하나님께서 주신 물질을 어떻게 사용하시겠습니까?

답: 가정과 교회와 이웃을 섬기는 일을 위하여 바르게 사용하겠습니다(마 6:4; 딤전 6:10; 히 13:5).

성경구절

(마 22:39) "둘째도 그와 같으니 네 이웃을 네 자신 같이 사랑하라 하셨으니"

(마 5:23-24) "그러므로 예물을 제단에 드리려다가 거기서 네 형제에게 원망들을 만한 일이 있는 것이 생각나거든 예물을 제단 앞에 두고 먼저 가서 형제와 화목하고 그 후에 와서 예물을 드리라"

(잠 11:12) "지혜 없는 자는 그의 이웃을 멸시하나 명철한 자는 잠잠하느니라"

(잠 14:21) "이웃을 업신여기는 자는 죄를 범하는 자요 빈곤한 자를 불쌍히 여기는 자는 복이 있는 자니라"

(마 6:4) "네 구제함을 은밀하게 하라 은밀한 중에 보시는 너의 아버지께서 갚으시리라"

(딤전 6:10) "돈을 사랑함이 일만 악의 뿌리가 되나니 이것을 탐내는 자들은 미혹을 받아 믿음에서 떠나 많은 근심으로써 자기를 찔렀도다"

(히 13:5) "돈을 사랑하지 말고 있는 바를 족한 줄로 알라 그가 친히 말씀하시기를 내가 결코 너희를 버리지 아니하고 너희를 떠나지 아니하리라 하셨느니라"

문14. 그리스도인의 직업관은 무엇입니까?

답 : 하나님의 영광을 위해서, 그리고 그리스도인으로서 정당한 직업에 성실하게 종사하는 것입니다(잠 16:8; 엡 4:28; 잠 21:25; 살전 4:11).

문15. 유혹과 시험 그리고 핍박이 찾아올 때 어떻게 하시겠습니까?

답 : 말씀과 기도에 전념하며, 그리고 신앙적인 조력자의 도움을 받아 이겨나가겠습니다(요 16:33).

문16. 부모님을 주안에서 공경하시겠습니까?

답 : 네, 주안에서 부모님을 공경하도록 힘쓰겠습니다(잠 23:25; 엡 6:1; 마 19:19; 엡 6:1; 출 20:12; 레 19:3).

성경구절

(잠 16:8) "적은 소득이 공의를 겸하면 많은 소득이 불의를 겸한 것보다 나으니라"

(엡 4:28) "도둑질하는 자는 다시 도둑질하지 말고 돌이켜 가난한 자에게 구제할 수 있도록 자기 손으로 수고하여 선한 일을 하라"

(잠 21:25) "게으른 자의 욕망이 자기를 죽이나니 이는 자기의 손으로 일하기를 싫어함이니라"

(살전 4:11) "또 너희에게 명한 것 같이 조용히 자기 일을 하고 너희 손으로 일하기를 힘쓰라"

(요 16:33) "이것을 너희에게 이르는 것은 너희로 내 안에서 평안을 누리게 하려 함이라 세상에서는 너희가 환난을 당하나 담대하라 내가 세상을 이기었노라"

(잠 23:25) "네 부모를 즐겁게 하며 너를 낳은 어미를 기쁘게 하라"

(엡 6:1) "자녀들아 주 안에서 너희 부모에게 순종하라 이것이 옳으니라"

(마 19:19) "네 부모를 공경하라, 네 이웃을 네 자신과 같이 사랑하라 하신 것이니라"

(엡 6:1) "자녀들아 주 안에서 너희 부모에게 순종하라 이것이 옳으니라"

(출 20:12) "네 부모를 공경하라 그리하면 네 하나님 여호와가 네게 준 땅에서 네 생명이 길리라"

(레 19:3) "너희 각 사람은 부모를 경외하고 나의 안식일을 지키라 나는 너희의 하나님 여호와이니라"

문17. 지금 있는 배우자를 하나님께서 만나게 하신 배우자로서 사랑하십니까?

답 : 네! 그렇게 믿고 사랑합니다(엡 5:22-28).

문18. 하나님께서 만드신 최초의 공동체는 무엇입니까?

답 : 남녀가 만나 결혼하여 이루는 가정공동체입니다(창 2:18).

문19. 성경적인 자녀교육은 무엇입니까?

답 : 자녀를 노엽게 하지 말고 오직 주의 교훈과 훈계로 양육하는 것입니다(잠 22:6; 신 4:10; 골 3:20-21).

문20. 삶에서 어려운 일이 생길 때 신자는 어떻게 해야 합니까?

답 : 교역자와 상담을 통해 안내 받으며 말씀과 기도를 통하여 이겨내야 합니다.

성경구절

(엡 5:22-25) "아내들이여 자기 남편에게 복종하기를 주께 하듯 하라 이는 남편이 아내의 머리됨이 그리스도께서 교회의 머리됨과 같음이니 그가 바로 몸의 구주시니라 그러므로 교회가 그리스도에게 하듯 아내들도 범사에 자기 남편에게 복종 할지니라 남편들아 아내 사랑하기를 그리스도께서 교회를 사랑하시고 그 교회를 위하여 자신을 주심 같이 하라"

(창 2:18) "여호와 하나님이 이르시되 사람이 혼자 사는 것이 좋지 아니하니 내가 그를 위하여 돕는 배필을 지으리라 하시니라"

(잠 22:6) "마땅히 행할 길을 아이에게 가르치라 그리하면 늙어도 그것을 떠나지 아니하리라"

(신 4:10) "네가 호렙 산에서 네 하나님 여호와 앞에 섰던 날에 여호와께서 내게 이르시기를 나에게 백성을 모으라 내가 그들에게 내 말을 들려주어 그들이 세상에 사는 날 동안 나를 경외함을 배우게 하며 그 자녀에게 가르치게 하리라 하시매"

(골 3:20-21) "또 아비들아 너희 자녀를 노엽게 하지 말고 오직 주의 교훈과 훈계로 양육하라 자녀들아 모든 일에 부모에게 순종하라 이는 주 안에서 기쁘게 하는 것이니라 아비들아 너희 자녀를 노엽게 하지말지니 낙심할까 함이라"

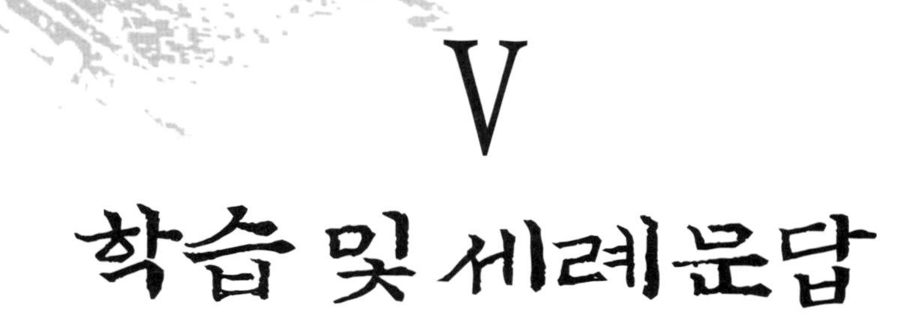
V
학습 및 세례문답

V. 학습 및 세례문답

1. 학습문답

문1. 교회에 입교하신지는 얼마나 되셨습니까?

답 : (　　　개월) 혹은 입교일자 (　　　년　　월　　일)

문2. 교회로 인도하신 분은 누구입니까?

답 : 자원해서 혹은 인도자의 이름 (　　　)

문3. 교회에서 신앙생활을 시작한 이후 이전과 다른 점은 무엇입니까?

답 : 자유롭게 고백하며 이전과 달라진 생활을 간증합니다.

문4. 교회[40]는 어떤 곳 입니까?

답 : 첫째, 교회는 외형적인 건물이 아니라 거룩한 성도들의 모임이며 예수 그리스도를 주라 시인하는 믿는 자들의 모임입니다.

둘째, 교회의 머리는 예수님이십니다.

셋째, 음부의 권세[41]가 이기지 못하는 능력을 예수님께서 주셨

---

40) 교회란 '에클레시아' 즉 하나님이 세상 가운데서 특별히 부르셔서 예수그리스도를 믿고 구원을 받게 된 성도들의 모임이다.

41) 음부로 번역된 '하데스'는 히브리어 '스올'에 대응되는 단어이다(욘 2:2). 문이란 '권세'의 의미를 가지고 있으며 음부의 권세란 '사단의 세력'을 의미한다. 예수님의 권능으로 세우신 교회는 사단의 세력이 이길 수 없다.

습니다(고전 1:1-3; 마 16:18).

문5. 당신은 이 구원과 영생의 축복을 받으시길 원하십니까? 또한 학습을 위한 과정을 성실하게 이수 하시겠습니까?

답 : 네. 그렇게 하겠습니다.

문6. 학습을 받을 수 있는 자격은 무엇입니까?

답 : 만 14세 이상이며, 교회에 입교한지 6개월이상이 되고, 교회생활을 하는 사람입니다.[42)]

성경구절

(고전 1:1-3) "하나님의 뜻을 따라 그리스도 예수의 사도로 부르심을 받은 바울과 형제 소스데네는 고린도에 있는 하나님의 교회 곧 그리스도 예수 안에서 거룩하여지고 성도라 부르심을 받은 자들과 또 각처에서 우리의 주 곧 그들과 우리의 주 되신 예수 그리스도의 이름을 부르는 모든 자들에게 하나님 우리 아버지와 주 예수 그리스도로부터 은혜와 평강이 있기를 원하노라"

(마 16:18) "또 내가 네게 이르노니 너는 베드로라 내가 이 반석 위에 내 교회를 세우리니 음부의 권세가 이기지 못하리라"

문7. 우리교회 이름과 담임목사님의 이름은 무엇입니까?

---

42) 제 6장 정치, 제1절 교인, 제41조 교인의 구분, ③학습교인 첫째, 구도교인으로 6개월 이상 교회에 근실히 출석한 사람. 둘째, 생활의 변화가 있고 나이 만 14세 넘고 예문에 따라 문답한 사람이. 셋째, 학습교인 명부에 기록된 사람.(헌장 참조)

답 : 예수교대한성결교회 (   )교회이며 (   )목사님입니다.

문8. 성결교회는 어떻게 시작되었습니까?

답 : 미국인 C.E.카우만, E.A.길보른 두 사람이 일찍이 하나님께 부름을 입어 예수를 믿고 구원의 확실한 체험을 받은 후, 구령에 불타는 심정으로 존 웨슬레의 성경적 복음신앙을 이어받아 동양 모든 나라에 '성결의 복음'을 전하려는 사명에서 「동양선교회」를 조직하고, 1901년에 일본 동경으로 가서 직접 전도하며, 「성서학원」을 세우고, 전도자를 양성하였는데, 이 학원을 졸업한 전도자들이 귀국하여 전도한 일이 본교회의 기원입니다(헌장 제2절 성결교회 제5조 기원 참조).

문9. 성결교회의 사중복음은 무엇입니까?

답 : 중생, 성결, 신유, 재림입니다.

문10. 교회 안에는 여러 직분이 있습니다. 아시는 대로 말씀해 보십시오.

답 : 목사, 전도사, 장로, 권사, 안수집사, 집사, 권찰이 있습니다.

문11. 교회 안의 직분자들은 누구의 권위에 의하여 임명 되며 어떤 활동을 합니까?

답 : 하나님께 위임받은 목사의 권위로 임명하며, 교회의 일을 하는 것입니다.

문12. 교회 안에서 먼저 믿고 나를 인도했던 사람으로부터 실망스러운 일을 겪을 때 어떻게 하시겠습니까?

답 : 첫째, 사람은 누구나 연약합니다. 누구나 시험받아 실족 할 가능성이 있음을 알고, 둘째, 그를 위하여 기도하고 나 자신을 살펴서 더욱 믿음에 바로 서도록 노력하겠습니다.

문13. 우리 교회가 목표하는 일에 어떻게 협력하시겠습니까?

답 : 담임목사님의 목회 철학을 알고 함께 협력하며 교회의 좋은 일꾼이 되겠습니다.

문14. 우리 교회가 지키는 중요한 절기들은 어떤 것이 있습니까?

답 : 부활절,[43] 맥추감사절,[44] 추수감사절,[45] 성탄절[46]이 있습니다.

문15. 헌금[47]의 종류에는 어떤 것이 있습니까? (신 12:6; 말 3:8; 3:10)

답 : 첫째, 의무헌금으로는 십일조,[48] 주일헌금, 절기헌금이 있으며, 둘째, 자유헌금으로는 감사 및 특별헌금[49] 등이 있습니다.

---

43) 그리스도의 부활을 기념하는 날로서 우리나라의 월력으로는 매년 춘분 후 처음 맞는 만월 즉 음력 15일 다음에 오는 주일이다. 교회마다 다양한 행사를 하며 지역마다 연합하여 부활절 새벽예배를 드리기도 한다(마 28:1-10).

44) 이스라엘 백성들이 봄에 추수한 곡식들 바친 것 같이 봄철에 곡식을 거두게 하여 주신 은혜를 감사하는 절기로 지킨다. 날짜는 개교회의 형편에 맞게 6월 말에서 7월 중순 사이에 지킨다(출 23:16).

45) 일 년 동안 사업과 가정에 내려주신 은혜를 기억하고 감사하는 절기이다. 날짜는 다소간 차이가 있으나 매월 11월 셋째 주에 지키는 것이 통상적이다(출 23:16).

46) 예수님의 탄생을 축하하는 날이며 12월 25일로 정하고 각종 행사들이 교회에서 있다. 이 절기에는 고아원이나 양로원 등 불우한 이웃을 위로하고 구제하며 음악예배를 드려 축하행사를 하기도 한다. 성탄절은 세계적인 명절이며 모든 이들이 기뻐하는 날이다(눅 2:8-20).

47) 헌금을 드리는 자세는 첫째는 '감동된 마음'이다. 하나님의 은혜를 깨닫고 마음에 감동을 받아 드리는 것이다. 둘째는 '자원하는 마음'이다. 억지로가 아니라 스스로 하나님께 드리는 것이다. 이것이 우리의 헌금생활의 기본자세이다(출 35:21).

48) 십일조는 초기에 기도의 응답에 대한 제물로 드려졌다(창 28:22). 또한 땅과 그 곡식과 나무의 열매의 십분의 일이 하나님의 것으로 따로 구별되어져야 한다는 것이 조건으로 요구 되었다(레 27:30).

49) 특별헌금으로는 선교, 건축, 구제, 장학 및 구제 등 목적에 맞게 드리는 예물이다.

문16. 헌금[50]은 어떻게 사용됩니까?

답 : 전도, 구제, 교육 등 교회가 정한 곳에 사용됩니다(고후 8:1-5; 행 4:33-37).

문17. 당신은 신앙생활을 시작한 이후 하나님께 간절하게 기도해 본 경험이 있습니까?

답 : 네! 있습니다(간단하게 고백하게 하며, 기도 생활에 적극적으로 임하도록 권면한다)(렘 33:3).

성경구절

(신 12:6) "너희의 번제와 너희의 제물과 너희의 십일조와 너희 손의 거제와 너희의 서원제와 낙헌 예물과 너희 소와 양의 처음 난 것들을 너희는 그리로 가져다가 드리고"

(말 3:8) "사람이 어찌 하나님의 것을 도둑질하겠느냐 그러나 너희는 나의 것을 도둑질하고도 말하기를 우리가 어떻게 주의 것을 도둑질하였나이까 하는도다 이는 곧 십일조와 봉헌물이라"

(말 3:10) "만군의 여호와가 이르노라 너희의 온전한 십일조를 창고에 들여 나의 집에 양식이 있게 하고 그것으로 나를 시험하여 내가 하늘 문을 열고 너희에게 복을 쌓을 곳이 없도록 붓지 아니하나 보라"

(고 8:1-5) "형제들아 하나님께서 마게도냐 교회들에게 주신 은혜를 우리가 너희에게 알리노니 환난의 많은 시련 가운데서 그들의 넘치는 기쁨과 극심한 가난이 그들의 풍성한 연보를 넘치도록 하게 하였느니라 내가 증언하노니 그들이 힘대로

---

50) 헌금이 교회에서 사용되어지는 부분은 다음과 같다. 1)복음전도 2)성도들의 신앙교육 3)교회학교 교육 4) 장학, 구제 및 선교 5)교역자 생활비 6)교회각종시설 유지, 보수 등.

할 뿐 아니라 힘에 지나도록 자원하여 이 은혜와 성도 섬기는 일에 참여함에 대하여 우리에게 간절히 구하니 우리가 바라던 것뿐 아니라 그들이 먼저 자신을 주께 드리고 또 하나님의 뜻을 따라 우리에게 주었도다"

(행 4:33-37) "사도들이 큰 권능으로 주 예수의 부활을 증언하니 무리가 큰 은혜를 받아 그 중에 가난한 사람이 없으니 이는 밭과 집 있는 자는 팔아 그 판 것의 값을 가져다가 사도들의 발 앞에 두매 그들이 각 사람의 필요를 따라 나누어 줌이라 구브로에서 난 레위족 사람이니 이름은 요셉이라 사도들이 일컬어 바나바라(번역하면 위로의 아들이라) 하니 그가 밭이 있으매 팔아 그 값을 가지고 사도들의 발 앞에 두니라"

(렘 33:3) "너는 내게 부르짖으라 내가 네게 응답하겠고 네가 알지 못하는 크고 은밀한 일을 네게 보이리라"

문18. 성도의 경건생활의 기본인 기도를 복된 습관으로 행하시겠습니까?

답 : 네! 그렇게 하겠습니다. 하루의 시작과 마침을, 모든 일의 시작과 마침을, 직장에서나 가정에서 모든 식구들과 더불어 기도하겠습니다(행 10:30-31).

문19. 일반적인 기도의 순서와 요소는 무엇입니까?

답 : 하나님의 영광, 자백(요일 1:9), 감사, 간구, 예수 그리스도의 이름입니다.

문20. 예배의 예절은 무엇입니까?

답 : 1) 예배 시간 전에 도착합니다.

2) 준비된 주보를 통해 공적인 광고 내용을 살핍니다.

3) 가능하면 앞자리에 앉습니다.

4) 예배 중 자리를 이동하지 않습니다.

5) 예배 중 잡담하지 않습니다.

6) 말씀을 믿음으로 받으며 아멘으로 화답합니다.

7) 미리 준비된 헌금을 감사함으로 드립니다.

8) 가능하면 대중교통을 이용합니다.

성경구절

(행 10:30-31) "고넬료가 이르되 내가 나흘 전 이맘때까지 내 집에서 제 구 시 기도를 하는데 갑자기 한 사람이 빛난 옷을 입고 내 앞에 서서 말하되 고넬료야 하나님이 네 기도를 들으시고 네 구제를 기억하셨으니"

2. 세례 문답

문1. 언제 세례를 받을 수 있습니까?

답 : 학습예식을 받은 후 6개월 이상 교회에 출석을 성실하게 잘하고 구원의 확신을 가진 후에 받을 수 있습니다.

문2. 학습 받은 후 공예배에 성실히 참석하셨습니까?

답 : 정규 예배에 잘 참석 했습니다.

문3. 구원은 우리의 공로나 노력으로 받게 됩니까? 아니면 하나님의 은혜로 주시는 선물입니까?

답 : 예수그리스도를 믿음으로 주시는 선물입니다(엡 2:8).

문4. 구원을 받기 위하여 우리가 할 일은 무엇입니까?

답 : 죄를 회개하고 예수님을 나의 구주로 믿는 것입니다.

문5. 당신은 구원을 선물로 받았음을 확신하십니까?

답 : 네! 감사하며 살고 있습니다(솔직하게 고백하게 하며 기도한다).

문6. 진정한 회개는 무엇입니까?

답 : 죄에 대해서 슬퍼하며 죄로부터 확실히 돌이켜 다음과 같은 마음을 가지는 것입니다. 성령의 역사로, 자기의 죄를 뉘우치고 끊게 됩니다(행 2:38; 26:20). 그리고 예수 그리스도를 믿는 것입니다(행 16:31).

문7. 예수를 믿음으로 내 삶에 일어난 변화가 무엇입니까?

답 : 예수님을 구세주로 믿으니, 담대한 믿음과 삶에 대한 안전함을 경험하고 있습니다(요 20:28).

성경구절

(엡 2:8) "너희는 그 은혜에 의하여 믿음으로 말미암아 구원을 받았으니 이것은 너희에게서 난 것이 아니요 하나님의 선물이라"

(행 2:38) "베드로가 이르되 너희가 회개하여 각각 예수 그리스도의 이름으로 세례를 받고 죄 사함을 받으라 그리하면 성령의 선물을 받으리니"

(행 26:20) "먼저 다메섹과 예루살렘에 있는 사람과 유대 온 땅과 이방인에게까지 회개하고 하나님께로 돌아와서 회개에 합당한 일을 하라 전하므로"

(행 16:31) "이르되 주 예수를 믿으라 그리하면 너와 네 집이 구원을 받으리라 하고"

(계 20:28) "도마가 대답하여 이르되 나의 주님이시요 나의 하나님이시니이다"

문 8. 구원받은 자의 특권은 무엇입니까?

답 : 1) 하나님의 자녀가 됩니다(갈 3:26).
2) 영원한 생명을 받습니다(요일 5:11-13).
3) 성령께서 내주하시며 동행하십니다(고전 3:16; 요 14:17).

문 9. 구원 받은 사람의 신앙 중심적 삶의 모습은 무엇입니까?

답 : 1) 하나님 말씀을 사랑하게 됩니다(벧전 2:2; 마 4:4; 신 17:19-20).
2) 기도하는 거룩한 삶을 살아가게 됩니다(요일 3:3; 벧전 1:15; 살전 5:17).
3) 이웃을 사랑하게 됩니다(요일 3:18; 살전 2:8).
4) 복음을 전파하며 전도합니다(행 4:20).

성경구절

(갈 3:26) "너희가 다 믿음으로 말미암아 그리스도 예수 안에서 하나님의 아들이 되었으니"

(요일 5:11-13) "또 증거는 이것이니 하나님이 우리에게 영생을 주신 것과 이 생명이 그의 아들 안에 있는 그것이니라 아들이 있는 자에게는 생명이 있고 하나님의 아들이 없는 자에게는 생명이 없느니라 내가 하나님의 아들의 이름을 믿는 너희에게 이것을 쓰는 것은 너희로 하여금 너희에게 영생이 있음을 알게 하려 함이라"

(고전 3:16) "너희는 너희가 하나님의 성전인 것과 하나님의 성령이 너희 안에 계시는 것을 알지 못하느냐"

(요 14:17) "그는 진리의 영이라 세상은 능히 그를 받지 못하나니 이는 그를 보지도 못하고 알지도 못함이라 그러나 너희는 그를 아나니 그는 너희와 함께 거하심이요 또 너희 속에 계시겠음이라"

(벧전 2:2) "갓난아기들 같이 순전하고 신령한 젖을 사모하라 이는 그로 말미암아 너희로 구원에 이르도록 자라게 하려 함이라"
(마 4:4) "예수께서 대답하여 이르시되 기록되었으되 사람이 떡으로만 살 것이 아니요 하나님의 입으로부터 나오는 모든 말씀으로 살 것이라 하였느니라 하시니"
(신 17:19-20) "평생에 자기 옆에 두고 읽어 그의 하나님 여호와 경외하기를 배우며 이 율법의 모든 말과 이 규례를 지켜 행할 것이라 그리하면 그의 마음이 그의 형제 위에 교만하지 아니하고 이 명령에서 떠나 좌로나 우로나 치우치지 아니하리니 이스라엘 중에서 그와 그의 자손이 왕위에 있는 날이 장구하리라"
(요일 3:3) "주를 향하여 이 소망을 가진 자마다 그의 깨끗하심과 같이 자기를 깨끗하게 하느니라"
(벧전 1:15) "오직 너희를 부르신 거룩한 이처럼 너희도 모든 행실에 거룩한 자가 되라"
(살전 5:17) "쉬지 말고 기도하라"
(요일 3:18) "자녀들아 우리가 말과 혀로만 사랑하지 말고 행함과 진실함으로 하자"
(살전 2:8) "우리가 이같이 너희를 사모하여 하나님의 복음뿐 아니라 우리의 목숨까지도 너희에게 주기를 기뻐함은 너희가 우리의 사랑하는 자 됨이라"
(행 4:20) "우리는 보고 들은 것을 말하지 아니할 수 없다 하니"

문10. 신자는 성경을 어떻게 사용해야 합니까?

답 : 성경을 매일 읽고 하나님의 뜻을 깨달아 알게 된 것과 일치하는 삶을 살아가도록 노력해야 합니다.

문11. 하나님 말씀인 성경은 어떻게 구성되어 있습니까?

답 : 언약을 중심으로 구약(Old Testament)과 신약(New Testament)으로 분류됩니다.

문12. 구약성경은 어떻게 구성되어 있습니까?

답 : 총 39권으로 율법서, 역사서, 시가서, 선지서로 구성되어 있습니다.

문13. 구약의 율법서와 내용을 간략하게 말하십시오.

답 : 1) 창세기, 출애굽기, 레위기, 민수기, 신명기로 성경 전체의 근간 입니다.

2) 여기에는 인류의 시작과 이스라엘의 족장들, 출애굽부터 요단강에 이르기까지의 여정이 담겨 있으며, 십계명과 하나님을 섬기는 제사법 및 공동체적인 시민법이 나와 있습니다.

문14. 역사서 12권과 그 내용을 간략하게 말하십시오.

답 : 1) 여호수아, 사사기, 룻기, 사무엘상·하, 열왕기상·하, 역대상·하, 에스라, 느헤미야, 에스더 입니다.

2) 율법서에 근거한 약속의 땅에서 이스라엘의 삶을 기록하고 있습니다.

문15. 시가서 5권과 내용을 간략하게 말하십시오.

답 : 1) 욥기, 시편, 잠언, 전도서, 아가서입니다.

2) 현실적 삶에서 나타나는 하나님 백성들의 고난, 교훈, 깨달음, 고백, 탄식, 질문 등이 시나 노래로 기록되어 있습니다.

문16. 선지서 17권과 내용을 간략하게 말하십시오.

답 : 1) 이사야, 예레미야, 예레미야애가, 에스겔, 다니엘, 호세아, 요엘, 아모스, 오바댜, 요나, 미가, 나훔, 하박국, 스바냐, 학개, 스가랴, 말라기입니다.

2) 제사장과 왕의 마음이 변하여 율법을 백성들에게 바르게 가르치지 않았을 때 선지자들을 통해 이스라엘에게 주신 하나님 말씀입니다.

문17. 신약성경은 어떻게 구성되어 있습니까?

답 : 총 27권으로 복음서, 역사서, 서신서, 계시록으로 나뉩니다.

문18. 사복음서와 내용을 간략하게 말하십시오.

답 : 1) 마태, 마가, 누가, 요한복음입니다.

2) 구약성경을 통해 장차 오실 메시아로서[51] 예표 된 예수님의 지상의 생애와 십자가 죽음과 부활을 통해 우리의 구주되심을 증거하고 있습니다.

문19. 역사서와 내용을 간단히 말하십시오.

답 : 1) 사도행전입니다.

2) 예수님의 죽으심과 부활, 성령강림으로 시작된 교회의 탄생과 성장, 하나님 나라 복음이 사도들을 통해 예루살렘으로부터 온 세상에 전파된 것을 기록했습니다.

문20. 서신서 21권과 내용을 간단히 말하십시오.

답 : 1) 로마서, 고린도전·후서, 갈라디아서, 에베소서, 빌립보서, 골로새서, 데살로니가전·후서, 디모데전·후서, 디도서, 빌레몬

---

51) 하나님으로부터 기름부음 받은 제사장, 왕, 선지자의 공통점은 하나님으로부터 부름 받아 이스라엘공동체로 보냄을 받았기에 보내신 하나님 뜻과 하나님 말씀을 전달하고 드러내어야만 한다.

서, 히브리서, 야고보서, 베드로전·후서, 요한 1, 2 ,3서, 유다서입니다.

2) 초기교회의 다양한 사회문화적 상황과 그에 따르는 성도들의 인내와 승리하는 믿음생활을 가르쳤습니다.

문21. 성경의 마지막인 요한계시록의 특징과 내용을 간단히 말해보십시오.

답 : 1) 신약성경의 마지막 책으로, 장차 그리스도의 재림과 함께 나타나게 될 마지막 때의 일과 형편에 관하여 묵시적인 성격으로 기록된 성경입니다.

2) 소아시아 지역의 대표적인 일곱 교회를 중심으로 하는 예수 그리스도의 평가와 마지막 때를 위한 권면과 반드시 일어날 일들을 요한의 환상을 통해 말씀했습니다.

3) 현대 교회가 초기교회의 신앙을 본받아 복음을 위해 박해받거나 고통당할지라도 다시 오실 그리스도의 재림에 대한 소망으로 믿음의 선한 싸움에 승리하도록 가르치고 있습니다.

문22. 교회 밖에 있는 성경연구 모임에 참여한 적이 있습니까?

답 : 교회 안에서 모이는 성경공부 모임에만 충실하게 참여해야 합니다.

문23. 주일 성수는 어떻게 해야 합니까?

답 : 주일에는 경건하게 예배를 드리는 일에 힘쓰며, 성도와의 교제, 그리고 봉사와 전도에 힘써야 합니다.

문24. 바른 기도생활이란 무엇입니까?

답 : 기도는 영혼의 호흡임을 알고 날마다 시간과 장소를 정하여 기

도하며, 일상에서 쉬지 않고 기도하는 습관을 가져야 합니다.

문25. 십일조를 드리고 있습니까?

답 : 네. 드리고 있습니다(십일조는 나의 삶의 전체가 하나님의 소유이며 나의 삶 전체를 믿음으로 맡기며 드림).

문26. 교회의 각 부서에 소속되어 열심히 활동을 하고 있습니까?

답 : 네. 활동하고 있습니다(교회의 기초적인 성격은 공동체이므로, 혼자가 아닌, 종교 활동이 아닌, 유기적 인간관계가 신앙 안에서 형성되도록 다양한 참여가 요구됨).

문27. 가정예배(매일 혹은 생일, 추도예배 등)는 드리고 있습니까?

답 : 네! 드리고 있으며 더욱 힘쓰겠습니다.

문28. 자녀에게 본이 되는 신앙의 삶을 사시겠습니까?

답 : 네. 그렇게 살겠습니다(부모는 좋은 신앙의 유산을 물려주어야 할 의무를 지며, 그것을 위하여 말씀과 일치하는 삶의 본을 먼저 보여야 함).

문29. 성도의 가정에서 지켜야 할 신앙생활은 무엇입니까?

답 : 1) 신앙 안에서 부모님을 공경하며 부부는 사랑과 믿음 안에서 정결하며 화목한 가정을 이루도록 힘써야 합니다.

2) 자녀들은 부모의 지도를 받아 건전한 교회생활과 일상에서 믿음으로 생활하는 법을 배워야 합니다.

문30. 성도의 신분에 맞지 않는 습관이 아직 남아 있습니까?

답 : 적극적인 경건의 생활에 습관을 들여 교우와 이웃에게 부끄럽지 않도록 성결을 사모하며 노력하겠습니다. 그리고 사치스러운 생활과 도박과 불건전한 시설을 이용하지 않겠습니다.

문31. 대인관계에서 원망 들은 일은 없습니까?

답 : 타인 비난과 거짓된 말을 전달하는 일에 조심하겠으며, 교회와 일상에서 섬김의 삶을 살아가기를 노력하겠습니다.

문32. 우리 가까이 있는 구체적으로 불우한 이웃(장애우, 노인 등)을 어떻게 대해야 합니까?

답 : 그리스도의 사랑으로 구체적이고 실질적으로 돕고 나눠야 합니다.

문33. 주일에 금해야 하는 일과 힘써야 하는 일은 무엇입니까?

답 : 1) 예배 중심의 시간에서 벗어나 다른 일이 우선시 된다면 예배와 주일의 거룩함은 온전히 지켜지기 힘들게 됩니다.

2) 주일에는 교회 중심으로 예배와 전도 그리고 봉사에 힘쓰며, 사업이나 개인적인 일을 금하겠습니다.

문34. 그리스도인의 생활은 세상에서 어떠해야 합니까?

답 : 성실하게 일상에 임해야 하며, 한 나라의 시민으로 의무를 다하며, 윤리와 도덕적인 생활에 힘써 살아야 합니다.

문35. 교회에서 거행하는 성례식에는 어떤 것이 있습니까?

답 : 세례식, 성찬식입니다.

부록

[학습 및 세례 예식 순서]

(목회예식서 참조)

1. 학 습 식

(예식 모형은 주일 낮 예배에서 설교 전/후에 사용할 수 있습니다.)

예식사 / 집례자

"거룩한 교회 헌장에 따라 오늘 교회는 학습식을 거행하려고 합니다. 새로이 교회에 들어 온 형제와 자매들에게 학습을 받게 하는 것은, 믿음의 체험과 성경의 지식을 더하며, 봉사에 대한 훈련을 더 하기 위함입니다. 이제 형제와 자매들은 마땅히 말과 행실과 사랑과 믿음에 깨끗함으로써 본을 받으며 성경이 진리와 교회의 법도대로 생활하기를 힘쓰시기 바랍니다."

호명 / (호명할 때 자리에서 일어섭니다.)

기도 / 맡은이

문답 /

"형제와 자매들이여, 이제 죄를 회개하고 그리스도를 구주로 영접하여 하나님을 공경하는 줄 압니다. 그러나 그 결심한 뜻을 하나님과 교회 앞에 알리기 위하여 묻는 것이니 오른손을 들어 진실하게 대답하시기 바랍니다."

문1) 형제와 자매들은 예수 그리스도는 유일하신 하나님의 아들이시요, 우리를 죄악에서 구원하신 구주되심을 확실히 믿습니까?

답 : 예

문2) 형제와 자매들은 모든 죄를 회개하고 좋지 못한 구습을 버리고 하나님만 섬기기로 약속하시겠습니까?

답 : 예

문3) 형제와 자매들은 신,구약 성경 66권을 유일하신 하나님의 말씀으로 믿습니까?

답 : 예

문4) 형제와 자매들은 부지런히 성경을 읽으며, 기도하며, 전도하기를 힘쓰시겠습니까?

답 : 예

문5) 형제와 자매들은 주일에는 모든 사무를 쉬고 경건하게

하나님께 예배드리며, 주의 몸된 교회를 위해 물심 간에 기쁨으로 협력하시겠습니까?

답 : 예

문6) 형제와 자매들은 이제부터 세례를 받기까지 열심히 성경을 배우며, 신앙생활에 정진하고 교회 모임에 참여하며, 그리스도인의 삶의 모습들을 배우려고 힘쓰시겠습니까?

답 : 예

학습자를 위한 기도 / 목사

"구원의 하나님! 주님의 은혜와 사랑을 진실로 감사드립니다. 새로 믿기 시작한 형제 자매들이 우리 OO 교회의 학습교인이 되기 위하여 하나님과 교회 앞에서 그 믿음과 결심한 바를 진실하게 고백하였습니다. 이들에게 하늘과 땅의 복을 내려 주사 날마다 하나님의 말씀을 아는 지식과 믿음이 성장하게 하옵소서. 그러므로 세례를 받기에 부족함이 없는 신앙인으로 성장하게 하여 주옵소서. 구주 예수 그리스도의 이름으로 기도합니다. 아멘."

공포 / 담임목사

"이 형제와 자매들은 묻는 말에 진실한 마음으로 대답하여 그 결심한 바를 하나님과 교회의 여러 증인 앞에 고백하였으므로

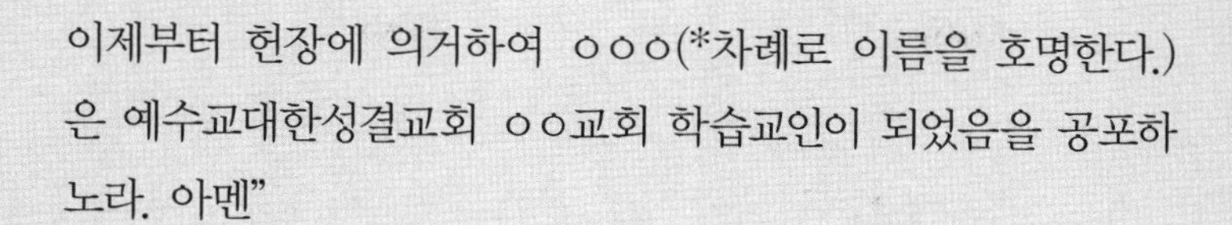

이제부터 헌장에 의거하여 ○○○(*차례로 이름을 호명한다.) 은 예수교대한성결교회 ○○교회 학습교인이 되었음을 공포하노라. 아멘"

권면 / 목사

축하와 인사 / 가족 또는 참여자들

(* 간단히 축하의 시간을 가지며 학습증서를 수여하도록 한다.)

2. 세 례 식

(예식 순서는 총회 목회예식서 참조 할 수 있음)

☞ 예식은 침례가 원칙이나 형편과 사정이 허락되지 않을 때는 약식으로 세례식을 거행한다.

예식사 / 집례자

"세례는 우리 주 예수 그리스도께서 명하신 거룩한 예식인 바 이제 교회는 주의 명령을 의지하여 오늘 형제와 자매들에게 세례를 베풀고자 하오니 진실한 마음으로 참예하시기 바랍니다. 또한 성령의 역사하심으로 온전한 하나님의 자녀가 되어 천국과 영생을 누리도록 기도로써 임하시기 바랍니다."

예배의 부름 / 집례자

“물은 예수 그리스도께서 부활하심으로 말미암아 이제 너희를 구원하는 표니 곧 세례라 이는 육체의 더러운 것을 제하여 버림이 아니요 하나님을 향한 선한 양심의 간구니라(벧전 3:21)”

감사와 회개의 기도 / 다같이

신앙고백 / 다같이

찬송 / 찬송가 288장(예수를 나의 구주 삼고)

성경 / 마태 28장 18-20절

설교 / 목사

세례 후보자 호명 / 맡은이

세례자를 위한 기도 / 맡은이

문답 / 목사

“사랑하는 형제자매들이여, 그대들은 하나님과 교회 앞에서 이제 삼가 묻는 말에 오른손을 들고 진실하게 대답하시기 바랍니다.”

문1) 형제와 자매들은 하나님 앞에서 자신이 죄인인 것을 깨

닫고 진실한 마음으로 모든 죄를회개하며, 하나님의 뜻과 성경에 어긋나는 모든 것을 버리기로 결심하겠습니까?

답 : 예. 그렇게 하도록 결심하겠습니다.

문2. 형제와 자매들은 예수 그리스도께서 하나님의 아들이심을 믿으며, 십자가의 대속과 부활을 통하여 죄인들을 구속하신 구주가 되심을 믿습니까?

답 : 예. 믿습니다.

문3. 형제와 자매들은 예수 그리스도를 자신의 주님으로 영접하여 거듭나서 하나님의 자녀가 된 것을 확실히 믿습니까?

답 : 예. 확실히 믿습니다.

문4. 형제와 자매들은 세례를 받음으로 주님과 하나 됨을 믿으며 일생을 주를 위하여 살며, 먹든지 마시든지 무엇을 하든지 중 영광을 위하여 살기로 작정하십니까?

답 : 예. 하나님의 영광을 위해 살기로 작정합니다.

문5. 형제와 자매들은 거듭난 후에 주의 보혈과 성령의 불세례로 말미암아 성결의 은혜를 순간적으로 받을 것을 믿으며, 성령의 능력으로 말미암아 세속적 습관과 육체의 정욕을 버리고 온전한 사랑과 거룩함에 이르는 성결한

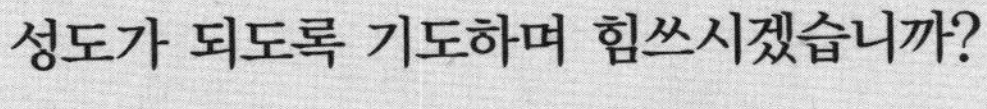

성도가 되도록 기도하며 힘쓰시겠습니까?

답 : 예. 그리하도록 힘쓰겠습니다.

문6. 형제와 자매들은 성경을 읽고 기도하며 전도하며 헌금하기를 힘쓰며 주일을 거룩하게 지키며 교회의 모든 봉사에 충성하시겠습니까?

답 : 예. 충성하겠습니다.

세례를 위한 기도 / 집례자

세례{침례} / 집례자

공포 / 집례자

"(세례자 명단을 차례대로 호명한다.) ○○○ 형제 자매들은 하나님과 교회 앞에서 신앙을 고백하고 성삼위 하나님의 이름으로 세례를 받았으므로 이제부터 헌장에 의거하여 예수교대한성결교회 ○○ 교회 세례교인이 되었음을 공포하노라. 아멘."

축하와 인사 /

(간단히 축하의 시간을 가지며, 세례증서를 수여하도록 한다.)

축도 / 맡은이

성결교회 교리문답

[학습 · 세례 대상자 교육 지침서]

발　　행 | 2021년 10월 31일

편　　집 | 교리문답서 편집위원회

발 행 처 | 예수교대한성결교회 총회

등　　록 | 1974.2.1. No. 300-1974-2

주　　소 | 서울시 종로구 행촌동 1-30번지

보 급 처 | 하늘유통 031-947-7777

ISBN : 979-89-94625-71-3 (03230)